Überlebenstraining für urlaubsreife Mütter

100 einfache Praxis-Ideen für die Bucket List für Mamas.

Raus aus der Mental Load Falle und dem übertriebenen Perfektionismus und mehr Achtsamkeit und Urlaubsgefühle.

Copyright © 2021 Lili Petersen
1. Auflage
ISBN: 978-3-903372-07-8

Alle Rechte vorbehalten!

Inhaltsverzeichnis

Einleitung	6
Must know: Mental Load, Achtsamkeit und Bucket List	19
Besiege den Perfektionismus	35
Entrümple deinen Mental Load	62
Trainiere deine Achtsamkeit	84
Gönne dir Urlaubsmomente	103
Schlussworte	128
Impressum	130

Einleitung

Mütter sind beschäftigt. Rund um die Uhr gibt es etwas zu tun: Haushalt, Termine, Freizeitgestaltung der ganzen Familie, früher oder später kommt meist eine Erwerbstätigkeit dazu und ab und zu muss man sich ja auch ein bisschen um die Kinder kümmern.

> Es gibt kein Wochenende, keine Feiertage und – gerade wenn die Kinder noch sehr klein sind - nicht mal einen richtigen Feierabend.

Fünf Minuten in Ruhe auf dem Balkon mit Kaffee, der im besten Fall sogar noch warm ist, erscheinen an manchen Tagen eher wie eine Szene aus einem Märchenbuch. Und wenn es doch mal klappt, dann sitzt das schlechte Gewissen oft direkt daneben.

Wo kommt das denn überhaupt her?

Jeder Mensch braucht doch mal eine Pause? "Ähm nein", sagt die Gesellschaft. Eine Mutter braucht doch keine Pause. Sie liebt ihre Familie, also ist es doch klar, dass sie rund um die Uhr dafür im Einsatz ist.

Aber natürlich lässt sie sich dabei nicht gehen, weil so ja gar keine Zeit mehr für sie selbst bleibt. Man muss doch etwas aus sich machen, findet die Gesellschaft. Den Kindern ein Vorbild sein, vorsorgen, die Karriereleiter nach oben klettern!

Dabei sieht sie klarerweise auch noch gut aus. Die Frisur sitzt, der Lippenstift klebt nie an den Zähnen und auf dem T-Shirt findet man nicht die geringste Spur von Babybrei.

Selbstredend kümmert sich die makellose Mutter auch noch darum, dass täglich frisch gekochtes und gesundes Essen auf den Tisch kommt. Die Kinder werden pädagogisch wertvoll gefördert und abends ist sie noch so voller Elan, dass der Partner auch nicht zu kurz kommt.

Diese Glaubenssätze werden uns tagein, tagaus vorgelebt, sofern man sich nicht dem selektiven Weghören bedient. Wir hören es von den Nachbarn, dem Chef oder gar den eigenen Eltern, die es eigentlich besser wissen müssten. Wir hören es so lange, bis wir selbst daran glauben. Und dann können wir nicht mal mehr in Ruhe einen Kaffee auf dem Balkon genießen.

Damit ist jetzt Schluss. Denn hier kommt die Anleitung, wie du dein Leben ruhiger und friedvoller gestalten kannst.

100 inspirierende Ideen, wie du dich selbst wieder spürst, mal den Fuß vom Gaspedal nimmst und nicht mehr nur ÜBERlebst sondern dein Leben mit allen Sinnen ERlebst und es wieder genießen kannst. Und das ganz ohne das lästige schlechte Gewissen.

Dafür mit einer kräftigen Prise "Mir doch egal" für das, was die realitätsferne Gesellschaft sagt.

Einleitung

> *"Die Frau ist dafür geboren, den Haushalt zu schmeißen.*
> *Die Frage ist nur: Wohin und wem an den Kopf?"*
>
> -Unbekannt-

Es wird Zeit für mehr Urlaub! Und zwar nicht nur einmal im Jahr, sondern immer dann, wenn du willst. Wie das gehen soll? Wir bauen ihn einfach in unseren Alltag ein – mit 100 kleinen Wellnessmomenten zwischendurch, die aufatmen lassen, entspannen und den Blick wieder auf das lenken, was wirklich zählt. Nämlich auf dich.

Dein ganz persönliches Flugzeug Richtung Urlaubsmomente im Alltag steht hiermit bereit. Steige ein und schnall dich an, es geht los! Und das Beste ist: Es gibt genug Sitzplätze für deine ganze Familie. Ihr könnt die Auszeiten im Miniformat gemeinsam oder getrennt verbringen und ihr könnt sie euch nehmen, wann immer es gerade passt.

Werde zur Gestalterin deines Alltags

Der Weg der Selbsterkenntnis und Neugestaltung ist ein langer. Dieser Ratgeber soll dich dabei begleiten und dir den Alltag leichter gestalten.

Er soll dir Mut spenden, dir Atempausen zu gönnen und auf dich selbst zu hören. Ein kleiner Motivator, neue Dinge auszuprobieren, dabei auf den Geschmack zu kommen und sie in deinen Alltag zu integrieren.

Vielleicht bist du gerade aus der Neugeborenen-Bubble wieder aufgetaucht und hast bemerkt, dass die Welt ja gar nicht stehen geblieben ist. Plötzlich findest du dich in einer ganz neuen Rolle wieder, ab jetzt bist du nämlich "die Mama von". Solltest du gerade eine kleine Sinn- und Persönlichkeitskrise haben, dann bist du damit gar nicht so allein, wie es sich vielleicht im Moment anfühlt.

Oder du hast bereits ein Kind im Kleinkindalter. Du bist gerade in den Job zurückgekehrt oder hast ganz im Gegenteil soeben deinen Standpunkt klar gemacht, dass du erst mal noch bei deinem Kind bleibst und kitafrei leben möchtest. (Wie du mittlerweile wahrscheinlich schon festgestellt hast, ist es im Prinzip auch egal, denn wie du es machst, ist es ohnehin falsch. Also warum nicht gleich so machen, WIE du es möchtest?)

Möglicherweise bist du schon länger Mama und hast sogar mehrere Kinder. Dabei bemerkst du die ganze Zeit, dass etwas fehlt und dass es irgendwie nicht so rund läuft. Oder du spürst eine Sehnsucht in dir, die du noch nicht genau benennen kannst. Ein Wunsch nach Veränderung, nach mehr Gelassenheit, nach dir selbst. Du möchtest dich spüren und wahrnehmen und neben all dem Kinderlärm, der deinen Tag füllt, auch mal wieder deine innere Stimme hören können (oder gar nichts).

Einleitung

Vielleicht klopft bei deinen Kindern aktuell die Pubertät an die Tür. Die hat nicht nur allerhand Tumult im Gepäck, sondern auch ein bisschen mehr Freiraum für dich, weil deine Kinder langsam selbstständiger werden.

Gleichzeitig kommen gerade noch weit entfernte Sorgen hinzu. Wenn das zweite Jahrzehnt ihres Lebens für deine Kinder gerade beginnt, dann ist das für alle Beteiligten ein bisschen aufregend. Vorhandene innere Ruhe ist da definitiv ein Pluspunkt, der euch allen weiterhelfen wird.

> Wie die Erziehungs- und Bildungswissenschaftlerin Iris van den Hoeven treffend festgestellt hat, leben wir in einer ständigen Krise. Irgendwas ist immer.

Du hast also die Wahl: Machst du so weiter wie bisher, fällst jeden Abend völlig erschöpft ins Bett und wünschst dich eigentlich einfach nur ganz allein auf eine einsame Insel? Oder nimmst du dein Leben in die Hand, wirst aktive Gestalterin deines Alltags, lernst dich selbst ganz neu kennen und transformierst dabei deine ganze Familie?

Vom Überlebenstraining in ein neues Leben

Anscheinend hast du Letzteres gewählt, denn hier bist du nun und liest weiter. Was erwartet dich also auf den nächsten Seiten?

In diesem Buch wird nicht lang um den heißen Brei herumgeredet, sondern direkt losgelöffelt. Dass eine Mutter täglich mehr stemmt als eigentlich machbar ist, ist längst bekannt und auch über die Ursachen und Gründe dürfte sich der Großteil im Klaren sein. Schließlich wurde das Thema bereits lang und breit abgehandelt, nur geändert hat sich halt noch nichts und es sieht auch nicht so aus, als würde es das bald.

Die Fragen lauten also

Was kannst DU tun, damit es dir besser geht? Und vor allem: Was kannst du JETZT tun, damit es dir besser geht?

Erfahre anhand von praxistauglichen Übungen und Tipps, wie du Schritt für Schritt zu der glücklichen und ausgeglichenen Mama werden kannst, die du immer schon sein wolltest. Was du gerade in Händen hältst, müsste eigentlich nicht Ratgeber, sondern Werkzeugkiste heißen. Das ist es nämlich, was dir hier mitgegeben wird:

> Eine ganze Kiste voller Tools, die du einsetzen kannst, wie es zu dir und deiner Familie am besten passt.

Wühl dich ganz in Ruhe durch und schau dich erst mal um. Nach und nach kannst du alles ausprobieren und herausfinden, was davon dir guttut und was eher doch nicht zu dir passt. Dabei entdeckst du vielleicht die ein oder andere neue Vorliebe und unbekannte oder längst unter der Hektik des Alltags verschüttete Seiten an dir.

Manches davon wirst du verwerfen, anderes davon wird ein fester Bestandteil deines Alltags werden – wenn du es zulässt. Der Wunsch nach Veränderung muss von innen kommen, denn nur so wird dein Weg eine Wanderung bis auf den Gipfel des Berges. Wenn du auf tiefstem Herzen merkst, dass du wieder besser für dich sorgen musst und vor allem DARFST, dann wird es dir viel leichter fallen, alle Höhen und Tiefen zu durchqueren.

Unterwegs hast du die Chance, dich von etwas ganz Nervenaufreibendem und völlig Unnötigem zu befreien, nämlich dem Perfektionismus. Dieser ist wie ein Türsteher in deinem Gehirn. Er lässt nur äußerst ungern etwas rein, das nicht auf Hochglanz po-

Einleitung

liert, ordentlich gebügelt, anständig glatt gestrichen oder – um Himmels willen – gar unvollständig ist.

Dabei gehen allerhand Kapazitäten für das eigentlich relevanteste im Leben verloren: Das Glück. Ruhe, Gelassenheit, Zufriedenheit und Entspannung würden so gerne rein in dein Gehirn und dein Herz, aber immer stehen sie als Letztes in der Reihe, werden auf morgen vertröstet und unwirsch beiseitegeschoben. Es wird also höchste Zeit, den Türsteher mit deiner nagelneuen, Teile schweren Werkzeugkiste zu verscheuchen, oder?

Warum du Urlaubsmomente brauchst

Auch wenn der Schlüssel für mehr Gelassenheit im Alltag in deiner eigenen Hand liegt, musst du dennoch nicht jede Tür allein damit aufsperren. Du musst tatsächlich nicht alles allein schaffen.

Jahrhundertelang war das auch gar nicht so, denn Menschen lebten in der Gemeinschaft. Ein Miteinander, ein Geben und Nehmen.

> *Niemand hat sich völlig übermüdet allein um drei Kinder gekümmert, sondern es wurde gemeinsam im Haushalt gearbeitet, die Kinder versorgt und alles Anfallende erledigt.*

Der Kaffee war früher sicher immer warm. Und in manchen Kulturen ist er es übrigens auch heute noch so, denn das Sprichwort "It takes a village to raise a child" wird da noch ernst genommen und umgesetzt.

Hierzulande hat sich mit der Industrialisierung unser Leben zunehmend drastisch gewandelt, bis hin zum heutigen Modell der Kleinfamilie.

Eines hat sich jedoch nicht geändert: Mütter brauchen auch mal Pause. Und weil uns die selten jemand einfach so gibt, müssen wir sie uns eben selbst verschaffen. Abgesehen davon: Selbst, wenn du regelmäßig Hilfe und Unterstützung bekommst, heißt das nicht, dass dir keine Zeit ganz und gar für dich selbst zusteht.

Einleitung

Hat man es dann endlich mal geschafft, sich eine wohlverdiente Auszeit zu nehmen, dauert es meist nicht lang, bis die ersten Gewissensbisse die Idylle trüben. Es wäre doch noch dies und jenes zu tun, sollte ich nicht lieber mit den Kindern spielen, wenn ich jetzt nicht mit dem Kochen anfange

> Aber mal ganz ehrlich: Eine halbe Stunde oder Stunde ohne Mama, ungebügelte T-Shirts und Staub unterm Sofa sind besser als ein ganzer Tag mit einer erschöpften Mama, deren Inneres einem brodelnden Kochtopf gleicht.

Deren Ressourcen völlig aufgebraucht sind, die sich selbst nicht mehr zu helfen weiß und aus Verzweiflung und Überforderung irgendwann explodiert und dabei die ganze Küche in Brand setzt (bildlich gesprochen, hoffentlich).

Wenn wir dauerhaft unter Strom stehen und pausenlos äußeren Reizen ausgesetzt sind, dann kann das ernsthafte Konsequenzen haben. Der Körper ist dadurch ununterbrochen im "Fight or flight"-Modus, was sich sowohl mit physischen als auch mit psychischen Folgen bemerkbar machen kann.

Viele Menschen reagieren darauf beispielsweise mit Bluthochdruck oder Hautausschlägen. Die Hormone geraten aus dem Gleichgewicht, was gerade bei Frauen eine Kette an weiteren körperlichen Reaktionen auslösen oder begünstigen kann. In immer mehr Fällen kommt es darüber hinaus zu Burnout oder Depressionen.

Deine Familie bekommt das unweigerlich zu spüren. Deine Kinder registrieren alles – selbst, wenn du denkst, dass sie dein Nasebohren eben gar nicht bemerkt haben. Sie lernen von dir und sind ständig im Kopiermodus. Ihnen entgeht nichts.

Das soll keinen zusätzlichen Druck erzeugen, vielmehr soll es dir vor Augen führen: Wenn wir das Beste für unsere Kinder wollen, müssen wir erst mal das Beste für uns selbst wollen. Wenn du dir regelmäßig Zeit für dich nimmst, dann profitiert dein ganzes Umfeld davon. Da löst sich das schlechte Gewissen doch gleich in Luft auf, oder?

Fazit

Du DARFST dir Hilfe holen. Du musst es nicht alleine irgendwie hinbekommen, denn dafür sind wir gar nicht gemacht. Erschaffe dir dein eigenes Dorf – dieses muss nicht nur aus Verwandten bestehen. Auch Freunde, Nachbarn und die Pädagoginnen im Kindergarten können dazu gehören – solange sie vertrauensvoll sind. Doch auch wenn dieses Dorf einmal nicht verfügbar ist und du auf dich gestellt bist, muss das nicht unweigerlich zur Entgleisung des Familienzuges führen.

Was du mit kleinen Urlaubsmomenten bewirken kannst

Kurz und knackig zusammengefasst, kannst du mit den 100 Tools in deiner persönlichen Werkzeugkiste Folgendes erreichen:

1 Du trainierst deine Achtsamkeit und waltest achtsam mit deinen Kräften.

2 Du legst den Perfektionismus in einer Ecke ganz hinten im Dachboden ab und lässt ihn da verstauben. Es darf liebevolles Chaos herrschen.

3 Du verteilst die mentale Belastung und anfallende Aufgaben besser.

4 Du verschaffst dir kleine Auszeiten und genießt diese ohne schlechtes Gewissen – für echtes Urlaubsfeeling mitten im Alltag.

Dadurch wird dein Leben langfristig so gestaltet, dass du gelassener, ruhiger und ausgeglichener wirst. Seitenlanges theoretisches Geplauder sparen wir uns, stattdessen werden dir handfeste Beispiele und Möglichkeiten zur tatsächlichen Umsetzung serviert. Du erhältst neue Ideen, wie die Mental Load gerechter verteilt werden kann, wie du Aufgaben so delegieren kannst, dass du tatsächlich entlastet wirst und wie du einfach mal loslässt.

Du wirst sehen, dass sich immer eine Möglichkeit dafür findet, deinen Alltag umzustrukturieren. Es muss kein Yogakurs um 6 Uhr morgens und kein Wochenendtrip sein, du benötigst keine teure Ausrüstung oder anderes Gedöns.

> Alles was du brauchst, ist die Entschlossenheit, deine Entscheidung in die Tat umzusetzen und es durchzuziehen – dir selbst zuliebe.

Selbst wenn es nur zwischendurch wenige Minuten sind, die du dir freischaufeln kannst: Nimm sie dir. Es ist immer möglich, selbst wenn manchmal das Gefühl aufkommt, dass wir nicht einmal Zeit zum Durchatmen haben.

Auf lange Sicht sollen die Übungen, die dich am meisten ansprechen, in den Alltag übernommen und zur Gewohnheit werden.

Die Umsetzung deiner persönlichen Wellnessmomente soll ein fixes Vorhaben sein, dass nicht verschoben werden kann.

Innerhalb dessen setzt du dir eigene Ziele und Herausforderungen, ohne dich dabei insgeheim doch ein bisschen wie eine Rabenmutter zu fühlen. Denn wie wir bereits festgestellt haben: Einer in sich ruhenden Mama fällt es viel leichter, für ihre Familie da zu sein und die gemeinsame Zeit zu genießen.

Einleitung

MUST KNOW

Mental Load, Achtsamkeit und Bucket List

Must know: Mental Load, Achtsamkeit und Bucket List

Damit du deine ganz persönliche Werkzeugkiste der erstaunlichen Veränderung bestmöglich für dich nutzen kannst, müssen wir natürlich erst mal sichergehen, dass wir über das Gleiche sprechen.

Die zentralen Themen, um die es sich hier dreht, sind dir sicher bereits mehrmals in Elternmagazinen, Büchern und Blogs untergekommen.

In vielerlei Hinsicht sind die Begriffe Mental Load, Achtsamkeit und Bucket List so omnipräsent, dass das Gehirn möglicherweise schon automatisch weiterzappt. "Betrifft mich nicht, brauche ich nicht, klappt eh nicht", kommt dir möglicherweise sogar als Erstes in den Sinn.

> Gerade zum Thema Mental Load wird sich gegenseitig in Grund und Boden diskutiert, dabei sportliche Wettkämpfe im Prinzipienreiten ausgetragen und die Zusammenfassung davon dem Rest des Landes auf den Frühstückstisch geklatscht oder im Feierabendfernsehen präsentiert.

Die Folgen davon sind entweder ein müdes Augenrollen oder Kleinkriege in den Kommentarspalten. Ebenso allgegenwärtig ist mittlerweile der Begriff Achtsamkeit. Zähle die Grashalme, fühle die Sonne, ruhe in dir, atme und lächle. Ist doch ganz leicht, stell dich nicht so an.

Keineswegs! In der Achtsamkeit liegt tatsächlich der Schlüssel der Erkenntnis, der Reflexion und schlussendlich das Geheimnis des Glücks. Ja, wirklich.

Um an diesen Punkt zu kommen, reicht es allerdings nicht aus, theoretisch voll im Bilde zu sein. **Du musst ins Handeln kommen,** denn nur durch Praxis und kontinuierliche Übung kann echte Veränderung zustande kommen.

Ganz ehrlich: Das ist nicht immer einfach. Die Versuchung, einfach alles zu lassen, wie es ist, sucht uns alle hin und wieder heim. Die neu errungenen Einsichten, Erkenntnisse und Gewohnheiten müssen Teil des Alltags werden und ebenso wie Zähne putzen und Haare bürsten ganz automatisch eingebaut werden.

Gut, jetzt könnte man natürlich einwenden, dass vermutlich der Großteil schon einmal (oder zweimal) heimlich ohne Zähne putzen ins Bett gegangen ist.

> Das Ziel ist jedoch nicht vollkommene Unfehlbarkeit, sondern dass sich ein neues Ritual etabliert, dass man nicht mehr außen vorlassen möchte, weil es einem schlicht guttut und man sich mit einfach besser fühlt als ohne.

Und außerdem ist es doch wirklich schön, in sich ruhend die Sonne zu fühlen und dabei zu lächeln.

Um das zu erreichen, bekommst du das Tool der Bucket List an die Hand. Damit kannst du dir den Kühlschrank vollhängen, die Wände tapezieren, sie eingerahmt im Büro aufhängen oder mit deinen Kindern Papierflieger draus basteln.

Wichtig ist: Habe sie immer im Blick, richte immer wieder den Fokus darauf und lasse sie Teil deines täglichen Lebens werden. Sie ist dein persönlicher Reminder, es einfach zu TUN. Deine Erinnerung daran, dass Urlaub VOM Alltag tatsächlich auch mitten IM Alltag möglich ist.

An dieser Stelle sehen wir uns also gemeinsam noch mal kurz und übersichtlich an, was genau eigentlich Mental Load und Achtsamkeit bedeutet und was unter einer Bucket List zu verstehen ist.

Was ist Mental Load und betrifft mich das überhaupt?

Selbst wenn dir der Begriff im ersten Moment nicht so viel sagt: Gefühlt hast du ihn mit an Sicherheit grenzender Wahrscheinlichkeit bereits mehrmals. Eher sogar dauerhaft.

> Zu Deutsch bedeutet dieser Ausdruck "Mentale Belastung". Zu tragen hat dies die Person in der Familie, die für alle anderen mitdenkt und unabhängig davon, wie man zu Genderfragen und Aufgabenteilung steht, ist das in der Realität meist die Mutter.

Mental Load ist unsichtbar, sie nimmt maximal in Form einer kilometerlangen To-do-Liste Gestalt an. Viele Punkte kommen jedoch gar nicht auf die Liste, weil sie nicht als solche wahrgenommen werden.

Wenn auf der Liste beispielsweise steht "Abendessen kochen", dann rattert die Gedankenmaschine direkt los. Was wird gekocht? Gibt es noch Reste von gestern und wie können sie verwendet werden? Sind die Zutaten alle da? Wenn nein, wer holt

Must know: Mental Load, Achtsamkeit und Bucket List

sie? Stehen vielleicht noch andere Sachen auf der Einkaufsliste und können auch gleich gekauft werden? Wann soll das Essen auf dem Tisch stehen? Wer isst gleich, wer kommt später? Gibt es überhaupt noch sauberes Geschirr? Gibt es Salat dazu und hinterher eine Nachspeise? Ist dafür auch alles da?

Jetzt könnte man sich denken, dass dieses Beispiel ja ein normaler Gedankengang ist. Das Problem mit der mentalen Belastung ist, dass es nicht nur ums Abendessen geht.

> *Mental Load entsteht nicht durch die Tätigkeit an sich, sondern durch die Denkarbeit drum herum.*

Das Gehirn der Person, die die mentale Last einer ganzen Familie trägt, ist ununterbrochen on air.

Diese Person organisiert, sortiert und arrangiert. Sie erinnert alle an alles, hat alles im Blick, weiß, was noch fehlt, wer wann welchen Termin hat, was unbedingt noch vor dem Wochenende erledigt werden muss, wann die nächste Schularbeit ansteht, für welchen Test noch gelernt werden muss und wer am nächsten Tag den Turnbeutel nicht vergessen darf. Sie denkt an die Sonnencreme, die Sandspielsachen, die Taschentücher und die Wasserflasche.

Sie bügelt gerade noch rechtzeitig das Hemd, denkt daran, auf dem Heimweg neue Socken zu kaufen, weil die alten alle löchrig sind und vergisst auch nicht, in der Drogerie noch schnell den Backofenreiniger zu holen.

Ihr Tag beginnt mit "Im Kindergarten ist heute gesunde Jause, ich muss unbedingt noch die Gurken schneiden. Danach muss ich aber gleich los, der Alexander hat ja Geburtstag und wünscht sich Seifenblasen. Da könnte ich auch eigentlich gleich bei der Arztpraxis vorbeigehen und den Kontrolltermin verschieben, weil der Flötenunterricht ja jetzt immer am Donnerstag ist.

Nun aber los, die Kinder müssen aufstehen, weil der Bus wegen dem neuen Fahrplan ab heute immer um 7.25 Uhr kommt und nicht mehr um 7.35 Uhr." und endet mit "Bevor morgen Tante Agathe kommt, muss ich unbedingt die Fenster putzen. Haben wir überhaupt noch Fensterputzmittel?

Das Waschmittel ist auch fast leer. Am besten gehe ich direkt einkaufen. Zwiebel hab ich auch noch nicht auf die Liste geschrieben. Ich notiere mir das schnell in den Notizen im Handy. Hab ich eigentlich dem Großonkel Hansjörg eine Nachricht zum Geburtstag geschickt? Ach, gerade geht wieder eine Diskussion in der Kindergarten-Whatsappgruppe los..."

Klingt ermüdend? Ist es auch.
Kommt dir bekannt vor? Keine Überraschung.
Du hast genug davon? Wir helfen dir.

Must know: Mental Load, Achtsamkeit und Bucket List

Was ist Achtsamkeit und habe ich überhaupt Zeit für sowas?

Achtsamkeit bedeutet, im Moment zu sein. Du gibst deinen Gedanken Raum und lässt sie kommen und gehen, ohne direkt von einem Gefühlstsunami überrollt zu werden, während der Gedankenstrudel dich immer weiter mitreißt, bis du im wahrsten Sinne des Wortes nach Luft schnappen musst.

> Viel zu oft rasen Mütter samt Mental-Load-Gepäck durchs Leben wie auf einer Autobahn ohne Geschwindigkeitsbegrenzung.

Eigene Bedürfnisse und Wünsche werden verschoben, bis sie irgendwann völlig in Vergessenheit geraten und man sich erst wieder daran erinnert, wenn in der Besprechung plötzlich der Magen knurrt, man das Pipi auf der Radtour schon fast nicht mehr halten kann und man schon ganz vergessen hat, was man früher eigentlich abends so gemacht hat, als es noch keine winzigen Söckchen und Hosen voller Grasflecken zum Zusammenlegen gab.

> Durch Achtsamkeit spürst du dich. Du nimmst dich wahr.
> Der Fokus liegt darauf, was JETZT passiert.

Wie fühlt es sich an, wenn du barfuß über den Spielplatz läufst? Wie riecht der wunderschön blühende Busch, an dem du soeben vorbeigehetzt bist? Hast du denn überhaupt wahrgenommen? Was löst das Lied, das gerade im Radio läuft, in dir aus? Wie schmeckt eigentlich das Butterbrot, das du dir gerade beiläufig in den Mund geschoben hast, weil die Zeit mal wieder für nichts anderes gereicht hat? Fühlen sich die Haare deines Kindes noch immer so weich an wie ganz am Anfang, wenn du ihm über den Kopf streichelst?

Oft wird versucht, Achtsamkeit durch Meditation zu erreichen. Möglicherweise hast du dieses Konzept also gleich wieder verworfen, denn wer kann schon meditieren, während ein Kind dramatisch im Wohnzimmer verhungert, das andere eine neue Windel braucht und eines sich gerade mal wieder den Kopf am Esstisch gestoßen hat, weil dieser völlig unerwartet in der Küche aufgetaucht ist.

Achtsam zu sein bedingt jedoch nicht zwingend, mit geschlossenen Augen völlig losgelöst vom Hauptstraßenlärm vorm Schlafzimmerfenster tief ein und aus zu atmen. Auch nicht auf dem Balkon bei Vogelgezwitscher, für diejenigen, die nicht in der Stadt leben. Achtsamkeitsübungen müssen nicht aufwendig sein und können ganz einfach in den Alltag integriert werden. Im Idealfall schaffen sie dir kleine Freiräume, doch sie sorgen auch für Besinnung und Erdung in stressigen und herausfordernden Situationen.

> Wenn du achtsam durchs Leben gehst, dann kannst du dir ein Grundgefühl der Gelassenheit erarbeiten. Der Stress wird reduziert und die Zufriedenheit erhöht.

Die Konzentrationsfähigkeit verbessert sich, der Geduldsfaden geht über die Länge einer halb abgebrannten Zündschnur hinaus

Must know: Mental Load, Achtsamkeit und Bucket List

und das Nervenkostüm ist wieder schick und bereit für klebrige Kinderhände, Lehrer mit missbilligend hochgezogenen Augenbrauen und das Süßigkeitenregal neben der Kasse.

Weniger vergleichen, mehr leben. Weniger in Gedanken vorauspreschen, mehr genießen. Weniger Tunnelblick, mehr coole Socke. Weniger Pulsrasen, mehr living la dolce vita.

Da spricht jetzt also eigentlich nicht direkt etwas dagegen, Achtsamkeit im Alltag zumindest mal auszuprobieren und den 100 Anstupsern, die dich erwarten, eine Chance zu geben. Oder?

"Manche Menschen spüren den Regen. Andere werden nur nass."

- Bob Marley -

Was ist eine Bucket List und brauche ich das überhaupt?

Na, musstest du diesen fancy Ausdruck erstmal googeln? Und bist dabei auf Übersetzungen wie "Eimerliste" oder "Löffelliste" gestoßen und hast direkt erst mal den Abstellraum und die Besteckschublade gecheckt?

Es geht auch einfacher: Eine Bucket List ist wie eine To do-Liste. Aber nicht für Kalenderwoche 35, den vollgeplanten Montag oder die Vorbereitungen für Oma Gertis 85. Geburtstag. Sondern fürs Leben. Für DEIN Leben!

> Bei deiner persönlichen Bucket List kannst du deinen Wünschen und Träumen freien Lauf lassen. Alles was du erreichen, machen und erleben möchtest, findet darauf Platz.

Das bezieht Karriereziele ebenso mit ein wie lang erträumte Reisen, sportliche Leistungen, außergewöhnliche Erlebnisse – und Persönlichkeitsentwicklung.

In diesem Fall wollen wir uns Letzterem zuwenden. Denn auch wenn wir das oft ein bisschen verdrängen, müssen wir uns alle eins eingestehen: Alle Erfolge und erreichten Ziele und schon gar nicht Materielles machen uns dauerhaft glücklich, wenn wir dabei völlig vergessen, an innerer und aufrichtiger Zufriedenheit zu arbeiten.

Zusätzlich hat man als Mama oft ein Gefühl der Fremdbestimmtheit. Im Babyalter stehen jegliche Bedürfnisse des Babys natürlich an allererster Stelle und man steckt ständig zurück. Doch auch wenn die Kinder älter werden, brauchen sie uns. Oft kommt dann auch noch die Rückkehr in den Job dazu, was die

Situation auch nicht unbedingt entspannt – sondern eher noch verschärft. Ehe man sich versieht, befindet man sich in einem Hamsterrad, dass sich immer schneller und schneller dreht, bis es plötzlich ganz utopisch erscheint, daraus jemals wieder aussteigen zu können.

Was wir jedoch trotz aller äußeren Umstände immer selbst in der Hand haben, ist unsere Innenwelt. Es liegt an uns, uns unabhängig von äußeren Einflüssen eine Grundgelassenheit und Grundzufriedenheit aufzubauen. Da bringen uns dann auch das fünfhundertste "Mamaaaaaa" um 7 Uhr morgens, verstreuter Bastelglitzer, Elternabende, vergessene Jausenboxen mit einem Hauch von Schimmel und schnarchende Ehemänner nicht mehr aus der Ruhe.

Man kann Rollen- und Aufgabenverteilung ausufernd besprechen und einen ganz klaren Standpunkt inklusive Änderungswünschen dazu haben.

> Fakt ist jedoch: Mütter sind JETZT urlaubsreif und brauchen JETZT wirksame und verfügbare Möglichkeiten, sich zu erholen und neue Kraft zu schöpfen.

Für deine persönliche Bucket List benötigst du nur einen Stift und einen Zettel. Diese Liste ist deine Gangway ins Flugzeug Richtung Alltagsurlaub. Sie ist der erste Schritt in Richtung Neugestaltung deines Alltags und gibt dir ein kleines Stück Selbstbestimmung zurück. Sie dient dir als Übung, wieder zu deiner Stärke, Energie und innerer Ruhe zu finden, bis diese wieder deine täglichen Begleiter werden.

Brauchst du also überhaupt unsere 100 Ideen für deine Wunder vollbringende Bucket List? Ja, klar. Die brauchst du ganz eindeutig.

Praktische Umsetzung deiner persönlichen Bucket List

So, nach diesem flammenden Appell kannst du es natürlich gar nicht mehr erwarten, endlich loszulegen. Oder bist vielleicht noch ein bisschen skeptisch, wie du die ganze Sache angehen sollst?

Unabhängig davon, für welchen Weg du dich im Endeffekt entscheidest, ist eines ganz wichtig:

> Lass deine Familie nicht außen vor! Erzähle ihnen von deinem Vorhaben, frage sie nach Vorschlägen und beziehe sie in die Erstellung deiner Bucket List mit ein.

Hol dir deine Familie ins Boot – du bist der Kapitän und sie helfen dir dabei, dein neues Schiff der Achtsamkeit durch das anfangs noch etwas stürmische Meer zu steuern. Bald werdet ihr ein eingespieltes Team sein und deine Auszeiten und Übungen ganz selbstverständlich dazu gehören.

Vor allem wenn die Kinder noch klein sind, muss der Partner natürlich miteingeplant werden. Vielleicht möchte er sich sogar selbst ein paar Übungen aussuchen. So kann er ausprobieren, was dafür gebraucht wird und ein besseres Verständnis dafür bekommen, dass du manche Sachen lieber ganz allein machen möchtest.

Möglicherweise findet er sogar selbst Gefallen daran. Immerhin sind die Papas meist auch ganz schön eingespannt. Nach einem anstrengenden Tag im Job kann es durchaus hilfreich sein, mit einer kleinen Übung erst mal etwas den Kopf freizubekommen, um anschließend voll und ganz für die Familie da sein zu können

Must know: Mental Load, Achtsamkeit und Bucket List

(und die Mama anschließend in ein anderes Zimmer zu schicken, damit ihr dasselbe ermöglicht wird).

Möglicherweise hast du gar keinen Partner an deiner Seite und steuerst dein Schiff mit deinen kleinen Matrosen größtenteils allein durchs Leben. Das verlangt außergewöhnliche Stärke, und manchmal ist die einfach aufgebraucht.

Wie kannst du daran zweifeln, dass dir eine Pause zusteht und du sie dir jederzeit nehmen darfst? Mithilfe der 100 einfalls- und abwechslungsreichen Ideen wirst du Alltagsurlaub einbauen können, selbst wenn gerade ein Sturm übers Deck braust und du tapfer als alleinverantwortliche Kapitänin den Laden am Laufen hältst.

Je nach Alter der Kinder können diese natürlich ebenfalls mitmachen. Das wäre sogar ganz hervorragend, denn wer schon im Kindesalter lernt, achtsam zu sein, profitiert sein ganzes Leben davon. Sie müssen es dann nicht erst mühsam erlernen, so wie du gerade, sondern es gehört für sie ganz selbstverständlich dazu, auf sich zu achten und sich die Zeit dafür zu nehmen, ohne ein schlechtes Gewissen zu haben.

Wenn dein Partner beruflich sehr eingespannt ist oder du zwischendurch bemerkst, dass du gerade ganz dringend einen Urlaubsmoment brauchst, aber die Kinder noch klein sind, dann könntest du eine "Urlaubskiste" zusammenstellen. Diese kann mit Büchern, Spielen, Stofftieren etc. gefüllt sein und sie wird nur hervorgeholt, wenn du ins Flugzeug steigst. So sind die Miniurlaubsgäste zumindest eine kleine Weile beschäftigt und du hast ein wenig Zeit, um dich ganz auf die kurze Auszeit zu fokussieren.

> *Nicht vergessen: Veränderung braucht Zeit und die solltest du dir und deiner Familie geben.*

Nur wenige Urlaubsdestinationen werden innerhalb kürzester Zeit erreicht. Ebenso wird es etwas dauern, bis du dich daran gewöhnst, dir einen Urlaubsmoment zu gönnen, anstatt durch die Decke zu gehen.

Du musst auch nicht von Tag eins an direkt durchstarten. Der Sinn ist nicht, dir mit einem neuen Vorhaben noch mehr Druck aufzubauen. Nachsicht uns selbst gegenüber ist nicht immer so leicht, sorgt jedoch für dringend notwendige Entspannung und Leichtigkeit. Außerdem bekommt so der allgegenwärtige Perfektionismus schon mal einen ersten Eindruck davon, was du in nächster Zeit so mit ihm vorhast.

> Sei geduldig mit dir, bis sich die neuen Gewohnheiten etabliert haben. Entscheidend ist, dran zu bleiben.

Zu Beginn muss man sich noch jedes einzelne Mal ganz bewusst für die neue Handlung entscheiden. Nach einigen Wochen entstehen im Gehirn neue Verknüpfungen, bis man irgendwann automatisch agiert und eine neue Gewohnheit entstanden ist. Die gute Nachricht: Sich etwas anzugewöhnen ist leichter, als sich etwas abzugewöhnen.

Must know: Mental Load, Achtsamkeit und Bucket List

"Die Gewohnheit ist ein Seil. Wir weben jeden Tag einen Faden und schließlich können wir es nicht mehr zerreißen."

- Thomas Mann -

Wie du deine Bucket List gestalten kannst

Um ein Ziel vor Augen und einen kleinen Plan zu haben, an dem sich alle orientieren können, möchtest du die Bucket List vielleicht als 30 Tage Challenge gestalten.

So hast du für den Anfang sozusagen einen Fahrplan als Orientierung und die Übungen werden ganz automatisch Teil des Alltags. Gleichzeitig kannst du so ausprobieren, welche der 100 Übungen dir am meisten zusagen. Was dir am besten gefällt, kann bleiben.

Für eine solche Challenge kannst du dir entweder 30 Lieblingsideen zusammenschreiben und anschließend jeden Tag eine dieser Übungen ausprobieren. Oder du suchst dir nur fünf Lieblingsideen aus und ziehst diese dann 30 Tage lang durch.

Wenn du etwas entscheidungsmüde bist, dann probiere doch einfach alle 100 Übungen einmal durch. Mache dir eine kleine Notiz daneben, wie es dir gefallen hat und wenn du alle durch hast, dann stelle dir anhand dessen deine Bucket List zusammen.

Eine weitere Möglichkeit wäre ein Bucket List-Glas. Schreibe jede Idee auf einen kleinen Zettel, fülle sie in ein leeres Marmeladenglas und wenn dich der Wunsch nach einem Urlaubsmoment überkommt, dann ziehe einen Zettel und mach die Übung.

Du könntest deine Übungen auch zu einem fixen Zeitpunkt einplanen? Zum Beispiel könntest du den Wecker nur wenige Minuten früher als sonst stellen und quasi schon vor dem Aufstehen Urlaub machen.

Egal für welche Variante du dich entscheidest: Lege deine Bucket List an einen Ort, wo du sie immer parat hast.

Speichere sie im Handy oder hänge sie auf. So hast du sie im Moment eines besonders intensiven Urlaubswunsches direkt zur Hand, denn wenn man erst herumsuchen muss, steigt die Ungeduld noch mehr und am Ende wird es dann nichts.

Die Liste schon bereit zu haben ist auch praktisch, wenn du mal unerwartet etwas Zeit für dich hast. Die Kinder sind bei Oma oder bei Freunden oder der Papa ist im Nebenzimmer ganz ins Spiel mit ihnen vertieft – und sofort kommen dir eine geschätzte Million Dinge in den Sinn, die du jetzt tun könntest. Soll ich die Wäsche machen? Die Kleiderschränke mal ordentlich aufräumen? Oder direkt den ganzen Keller ausmisten? Nein, liebe Mama, du könntest erst mal Urlaub machen. Wie praktisch, deine Bucket List gleich vor Augen zu haben und somit nicht lange überlegen zu müssen!

Los geht's

Mit diesem Grundwissen im Gepäck kann deine Reise in ein ruhiges, achtsames und ausgeglichenes Leben jetzt starten. Hier kommen 100 inspirierende, innovative und umsetzbare Ideen, Übungen Urlaubs- und Wellnessmomente für dich, liebe Mama!

PERFEKTIONISMUS

Besiege den Perfektionismus

Besiege den Perfektionismus

Die erfahrene Perfektionistin weiß: Urlaubsstimmung kann erst aufkommen, wenn alles erledigt ist.

Wenn niemand mehr etwas auszusetzen hat, die Küchenschränke auch von innen auf Hochglanz poliert sind und die To-do-Liste leer ist. Was die erfahrene Perfektionistin insgeheim auch weiß, sich aber meist nicht so gern eingestehen möchte: Dieser Zeitpunkt kommt ungefähr nie.

> *Spätestens wenn fast alles abgehakt ist, passiert ohnehin meist noch etwas Unerwartetes – dafür hat man doch schließlich Kinder.*

Ein perfektionistischer Mensch möchte alles völlig einwandfrei erledigen und ist dabei in unterschiedlichem Ausmaß unerbittlich mit sich selbst und häufig auch mit anderen.

Dabei rückt bereits erfolgreich Abgeschlossenes vollkommen in den Hintergrund, denn der Blick ist nur auf das gerichtet, was noch fehlt. Du kannst also versuchen – ganz im Stil einer passionierten Perfektionistin – einen Urlaubsmoment nach dem anderen abzuarbeiten. Es ist aber sehr wahrscheinlich, dass du dich nur geringfügig erholter fühlst, denn diese ewig wispernde innere Stimme, die dich immer weiter antreibt, kennt keinen Urlaub.

Daher befreien wir dich erst mal von diesem unliebsamen Begleiter. Mach dir mit den folgenden 28 Übungen, Tipps und Tricks dein Leben leichter, bis du dich schließlich vollends vom lästigen Perfektionismus befreit hast.

Frei nach dem Motto:

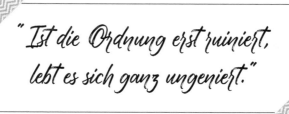

"Ist die Ordnung erst ruiniert, lebt es sich ganz ungeniert."

1. Radikale Akzeptanz

Um es mit den Worten der Psychologin Marsha Linehan zu sagen: Vor der Veränderung kommt die Akzeptanz. Vergangenes wird losgelassen, Emotionen beobachtet, der Fokus auf den Moment gelegt und sich bewusst gemacht, was man aktuell in der Hand hat und was außerhalb des eigenen Wirkungsbereiches liegt. Das Konzept der radikalen Akzeptanz hat nicht zum Ziel, sich ergeben allem zu fügen, was einem widerfährt. Vielmehr wird dadurch die Basis dafür geschaffen, die nötigen Schritte für echte Veränderung zu setzen.

Beginne am besten damit, deine Gefühle wahrzunehmen und sie zu akzeptieren, wie sie sind. Hinterfrage erst mal nicht, woher der Stress schon wieder kommt, warum du dich schon wieder so müde fühlst oder warum genau diese eine Handlung deines Kindes dich so wütend macht.

Nehme es hin, dass du dich gerade so fühlst – akzeptiere es radikal. Deine Energie kann anschließend in die Lösungsfindung fließen, anstatt in das Gedankenkarussell rund um "Warum schon wieder ... immer das gleiche ... ich habe es satt".

2. Die magische Aufräumkiste

Gerade mit kleinen oder vielen Kindern entsteht schnell Unordnung. Wenn dann noch Zeitdruck dazu kommt, dann entwickelt das Chaos im Handumdrehen ein Eigenleben. Und mal ganz unter uns: Selbst der ambitionierteste Perfektionist hat manchmal einfach echt keine Lust, schon wieder alles aufzuräumen.

Das Problem ist leicht zu beheben, indem in jeden Raum eine Aufräumkiste kommt. Ob das ein hübsches Schränkchen, eine Plastikbox von Ikea oder einfach ein Wäschekorb ist, ist dir überlassen. Um schnell für Überblick und Ordnung zu sorgen, wird im jeweiligen Raum alles in die Aufräumkiste geschmissen.

Sobald dann Zeit ist (oder am Abend, oder in einer Woche) wird die Aufräumkiste dann sortiert und alles an seinen eigentlichen Platz zurückgebracht.

Für die Kinder und den Partner

Dass erst mal alles in die Kiste kommt, dürfte sowohl beim Partner als auch bei den Kindern großen Anklang finden – denn wie du sicherlich bereits festgestellt hast, hält sich auch bei allen anderen die Begeisterung für ständiges Aufräumen in Grenzen. Das abendliche Sortieren der Kiste kann dann aufgeteilt werden. Entweder ist täglich jemand anderer dran oder jeder bekommt einen Raum zugeteilt.

3. Die Liste des Unheils

Häufig halten wir uns an starre Regeln, die nicht unbedingt Sinn ergeben, die wir aber so von unseren Eltern und unserem Umfeld übernommen haben und in der Hektik des Alltags nicht hinterfragen.

Es kann sehr hilfreich sein, diese unsichtbaren und oft unausgesprochenen Regeln einmal sichtbar zu machen.

Schreibe sie dir auf und direkt daneben notierst du deine Befürchtungen: Was kann passieren, wenn du etwas anders machst als sonst? Was kann beispielsweise passieren, wenn du mal zu spät kommst - wirst du dann direkt gekündigt? Wenn dein Kind einmal schlechter benotet wird als sonst, wird es dann direkt die Klasse wiederholen müssen? Wenn du heute am Abend einfach mal den Haushalt liegen lässt, wird dann morgen früh sofort das Gesundheitsamt vor der Tür stehen?

> Du merkst schon, die Antwort auf die üblichen Dinge, die uns beschäftigen, lautet selten "Die Welt ist wegen mir dem Untergang geweiht".

Es spricht gar nichts dagegen, den Pfad mal zu verlassen, Dinge etwas lockerer zu sehen und bisherige Abläufe umzugestalten oder – wenn du in besonders mutiger Stimmung bist – ganz wegzulassen.

4. Wisch und weg

Eltern kleiner Kinder wissen, dass sich das Leben in den ersten Jahren bevorzugt auf dem Boden abspielt. Wenn nicht direkt heimlich in der Ecke Kekse gefuttert werden inklusive Bröseltornado, dann sind es eben Reste von Knetmasse (auf die man

Besiege den Perfektionismus

im besten Fall auch noch draufsteigt) oder das neugierige Baby reißt irgendwas mit Schwung aus der Schublade.

Anstatt ständig hinterherzuwischen, schaffe einen Spiel- und Picknickbereich, wo eine Wachstischdecke ausgebreitet wird. Im Anschluss kann die Decke ganz einfach abgewischt oder geschrubbt werden.

Wenn du im Kampf gegen deinen Perfektionismus das nächste Level erreichen willst, dann lege die Tischdecke erst mal zur Seite und reinige sie später.

5. Der innere Kritiker

Sicherlich hast du bereits mit deinem inneren Kritiker Bekanntschaft gemacht.

Er sagt dir Dinge wie "Also bei der Brigitte liegen aber nie Blätter auf der Terrasse, die ist fleißig und kehrt die immer gleich weg." Oder "Die Mama von Adrian hat ja gar keinen Babybauch mehr. Mach du doch auch mal was für deine Figur und schieb dir nicht schon wieder einen Schokoriegel quer in den Mund." Oder "So wird das aber nichts mit der Beförderung. Reiß dich mal zusammen und zieh das jetzt durch."

Wer braucht denn jemanden, der so mit einem redet? Genau, niemand! Erst recht nicht eine Mama, die ohnehin täglich ihr Bestes gibt – und das ist gut genug!

> Hör dem Blödmann nicht mehr zu und fokussiere dich stattdessen darauf, was du sehr wohl alles geschafft hast.

Für die Kinder und den Partner

Etwas laut auszusprechen ist fast immer eine gute Idee. Es könnte euer kleines abendliches Ritual werden, euch darüber zu unterhalten, was ihr alles gemacht und geschafft habt. So rücken die schönen und positiven Aspekte des Tages in den Vordergrund.

Der dänische Familientherapeut Jesper Juul hat es auf den Punkt gebracht:

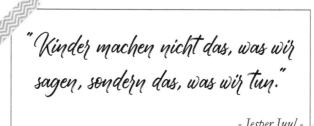

"Kinder machen nicht das, was wir sagen, sondern das, was wir tun."

- Jesper Juul -

Was möchtest du deinen Kindern zeigen? Dass sie möglichst effizient und tunlichst fehlerfrei durchs Leben rasen sollen? Oder möchtest du ihnen vermitteln, dass das Leben keine To-do-Liste ist und man die Dinge auch einfach mal so lassen darf, wie sie sind?

6. Achte deine Grenzen

Du musst die erste Person sein, die deine Grenzen kennt, respektiert und wahrt. Nur wenn du dich selbst ernst nimmst, können auch andere es tun – denn du bist sozusagen dein eigener Türsteher.

> Mache dir bewusst, was dir zu viel ist und wie oft du trotzdem ja sagst, obwohl du eigentlich gerade keine Zeit hast.

Wenn dich zum Beispiel jemand um einen Gefallen bittest, der gerade nicht dringend ist und genauso gut von jemand anderem übernommen werden kann, dann DARFST du ablehnen – traue dich!

Auch gegenüber deinen Kindern: Wenn du im Moment zu müde bist, wild mit ihnen herumzutoben, dann sage ihnen genau das und biete ihnen eine ruhigere Alternative an.

Ziehe deine Grenze nicht erst kurz vor der Eskalation, sondern lasse immer genügend Energiereserven als Spielraum. So steigst du gar nicht erst ein ins Hamsterrad und lässt deinen Perfektionismus allein dort drin seine Runden drehen.

Für die Kinder und den Partner

Dein Partner sollte ganz klar dein Grenzenbuddy sein. Mache es deutlich, wenn eine Linie erreicht wird und bleibe liebevoll, aber bestimmt dabei. Ausgehend davon können Kompromisse gefunden werden.

Je nach Alter ist es für Kinder nicht einfach, ihre eigenen Bedürfnisse hintenanzustellen. Vor allem wenn dein Kind oder deine Kinder noch ganz klein sind, sind sie dazu auch gar nicht in der Lage. Dennoch sind die kleinen Ohren natürlich gespitzt und die aufmerksamen Augen beobachten ganz genau, wie Mama und Papa sich verhalten.

Wenn mit deinen Grenzen wertschätzend umgegangen wird und du ruhig, aber klar deinen Standpunkt vertrittst, dann werden die Kinder das verinnerlichen und später selbst so umsetzen und mit dir kooperieren können.

7. Du bist deine eigene Freundin

Stell dir vor, du besuchst eine Freundin und ihre Wohnung würde genauso aussehen wie deine im Moment. Oder sie öffnet dir die Tür und ihr Kind legt einen Gefühlssturm aufs Parkett, der dem deines eigenen Kindes heute im Supermarkt Konkurrenz macht.

Was würdest du ihr in diesem Moment sagen? Wärst du mit ihr auch so streng wie mit dir selbst? Mit Sicherheit würdest du ihr keine Standpauke halten. Warum hältst du dir also selbst ständig eine?

Versuche ganz bewusst, in der nächsten herausfordernden Situation etwas Nettes zu dir selbst zu sagen und verständnisvoll dir selbst gegenüber zu sein – sei dir selbst eine gute Freundin.

Für die Kinder und den Partner

Diese Überlegungen sind vor allem eine Innenschau für dich selbst, anhand derer du deine Glaubenssätze und festgefahrenen Gedanken reflektieren kannst. Durch bewusstes Verändern deines inneren Dialoges – weg von destruktiven Selbstvorwürfen und hin zu Verständnis und Nachsicht – kannst du auch gelassener auf dein Umfeld reagieren.

Besiege den Perfektionismus

8. Sei dein Coach

Lerne bewusst, Unerledigtes und Unperfektes auszuhalten.
Kehre die Krümel nicht sofort weg, sondern erst, wenn du deinen Kaffee ausgetrunken hast. Räume die Spielsachen deines Kindes nicht gleich auf, sondern erst, wenn ihr euch ein bisschen ausgeruht und gemeinsam ein Buch angeschaut habt. Lass dein Kind eine Pause machen und spielen, bevor ihr euch dem Rest der Hausaufgaben widmet.

> Wenn du das in Situationen übst, in denen du gerade nicht in Eile bist, dann bist du gut dafür gewappnet, wenn es mal hektisch wird.

So kannst du langsam den Druck abbauen, alles sofort erledigen zu müssen und dir mehr Gelassenheit erüben.

9. Die Sperrstunde

In jedem Job ist irgendwann Feierabend. Als Mama musst du selbst für deine Sperrstunde sorgen.

> Lege eine Uhrzeit fest, ab der du alles stehen und liegen lässt, was sich bis dahin eben nicht ausgegangen ist.

Das ist gleichzeitig ein Versprechen an dich selbst, etwas für dich zu tun – oder einfach mal gar nichts. Der Haushalt wird morgen auch noch da sein und du kannst dich direkt nach dem Aufstehen darauf stürzen, versprochen. Aber jetzt bist erst mal du dran.

10. Schau nicht hin

Die Kinder malen, matschen und machen hochkonzentriert Unordnung. Während du ihnen dabei zuschaust, wird der Geduldsfaden immer kürzer und die innere Krise immer größer, bis es schließlich aus dir herausbricht. Die Kinder weinen, du hast ein schlechtes Gewissen und das Chaos ist immer noch da.

Lass sie doch stattdessen einfach mal machen und nütze die Zeit für dich.

Die anschließende Beseitigung des Tornados nimmt im Endeffekt weniger Energie in Anspruch, als sich ständig darüber aufzuregen.

Für die Kinder und den Partner

Wenn du merkst, dass es sich in Richtung Saustall entwickelt, dann nimm deine Kinder kurz zur Seite und vereinbare mit ihnen, dass ihr später gemeinsam aufräumt. Du könntest auch räumliche Grenzen mit ihnen vereinbaren, sodass zum Beispiel nur das Kinderzimmer oder die Küche grundgereinigt werden muss. Auch hier kannst du natürlich deinen Partner um Mithilfe bitten – gemeinsam ist das Chaos schnell Vergangenheit.

Besiege den Perfektionismus

> *"Wenn man beginnt, seinem Passfoto ähnlich zu sehen, sollte man in den Urlaub fahren."*
>
> - Ephraim Kishon -

11. Die effektiven fünfzehn Minuten

Anstatt ständig von einer Aufgabe zur Nächsten zu hetzen, genieße bewusst ein paar Stunden mit deinen Kindern auf dem Spielplatz, kuschelnd auf dem Sofa mit deinem Baby oder vielleicht sogar allein. **Widme dich etwas anderem als den Haushalt und deiner To-do-Liste.**

> Wenn du dann ausgiebig genossen hast, stelle deinen Timer auf fünfzehn Minuten und räume drauf los.

Innerhalb kurzer Zeit kann man erstaunlich viel schaffen und danach hast du doppelten Grund für ein positives Gefühl: Du hattest eine gute Zeit mit deiner Familie oder für dich selbst und hast dennoch bereits viel von dem erledigt, was sonst so ansteht.

Für die Kinder und den Partner

Wenn es ums Aufräumen geht, dann machen praktischerweise in diesen fünfzehn Minuten alle mit. Die Kinder kümmern sich um ihr Kinderzimmer, der Mann um den Müll und du um die Küche – und schon ist innerhalb kürzester Zeit wieder alles auf Vordermann gebracht.

12. Die Notfall-Liste

Schreibe auf, welche der anfallenden Aufgaben dir am wichtigsten sind.

Wenn dir alles über den Kopf wächst, nimmt der Panikmodus überhand und du weißt nicht, wo du anfangen sollst. Ein bekanntes Gefühl, oder?

Äußerst praktisch, wenn du in einem solchen Moment deine Liste parat hast und du dich einfach nur auf die Aufgaben zu konzentrieren brauchst, die du bereits in einem ruhigen Augenblick als signifikant gekennzeichnet hast.

Der Rest kann warten, bis aus "Fight or flight" wieder "Chill mal" geworden ist.

Das funktioniert sowohl beruflich – indem du aktuelle anfallende Aufgaben sortierst, bevor du loslegst – als auch zu Hause. **Erstelle morgens einen Tagesplan und markiere, was nicht aufschiebbar oder dir persönlich sehr wichtig ist**, z.B. Arzttermine oder Vereinstätigkeiten.

Fokussiere dich darauf, dass diese Punkte erledigt werden – der Rest ist optional, bis du dich dazu in der Lage fühlst.

Besiege den Perfektionismus

13. Das Punktesystem

Ähnlich der Notfallliste werden Aufgaben nach Relevanz und Dringlichkeit sortiert, **allerdings konzentrierst du dich hier auf regelmäßig anfallende Aufgaben.**

Notiere alles, was anfällt und vergebe Punkte je nach Wichtigkeit. Beispielsweise erhalten Erledigungen mit hoher Priorität zehn Punkte und Dinge, die erst mal nicht so bedeutsam sind, entsprechend weniger.

> Du könntest sogar noch einen Schritt weitergehen und eine Tageshöchstzahl festlegen: Sobald du die von dir ausgewählte Punktzahl erreicht hast, lässt du es für heute gut sein und widmest dich etwas anderem als deinen Pflichten.

Vielleicht hast du beim Thema Haushalt als Priorität, dass der Boden immer gesaugt und gewischt ist und die Betten gemacht sind. Diese Bereiche bekommen dann eine hohe Punktzahl und werden als Erstes erledigt.

Wenn du Fenster putzen und den Backofen reinigen mit weniger Punkten einstufst, dann kannst du diese Aufgaben auf Tage verlegen, an denen bei der Tageshöchstzahl noch Luft nach oben ist.

14. Jetzt ist Pause

Wie wir bereits festgestellt haben, ist immer irgendwann Feierabend. Ebenso gibt es in jedem Job geregelt und festgelegte, ja sogar vorgeschriebene, Ruhe- und Pausenzeiten.

Einer Mama stehen die genauso zu, aber wieder musst du hier deine eigene Regelerstellerin sein: **Plane zu fixen Uhrzeiten**

eine Pause ein und halte dich unverrückbar daran. Lege alles beiseite, mach dir einen Kaffee oder einen Snack und ruh dich ein paar Minuten aus. Danach kannst du gestärkt und ein bisschen ausgeruht wieder loslegen.

Für die Kinder und den Partner

Kommuniziere deine Pausenzeiten klar und offen. Ältere Kinder verstehen, dass jetzt Pause ist und können die Zeit selbst auf der Uhr sehen oder vielleicht selbst sogar ein Päuschen einlegen – zum Beispiel vom Hausaufgaben machen.

Jüngeren Kindern könntest du eine Aufgabe geben, die sie in der Zeit erledigen, beispielsweise ein Bild für dich zu malen oder ein Puzzle zu machen.

Noch kleinere Kinder freuen sich über eine Pausenkiste mit besonderen Spielsachen, die immer dann hervorgeholt wird.

Und wenn die Kids so gar nicht kooperativ sind, sollte man die Pause kurz verschieben, bis sich die Situation beruhigt hat. Auf keinen Fall aufgeben, sondern weitermachen, wenn das Kind wieder runtergekommen ist.

15. Ursachensuche

Mache dich auf die Suche nach dem Ursprung deines Perfektionismus: **Woher kommt überhaupt dieser Drang, alles richtig und möglichst gleich erledigen zu müssen?** Willst du das wirklich selbst oder machst du das für andere? Weil du denkst, du hast keine Wahl und du musst?

Besiege den Perfektionismus

Hier ist ein kleiner Reminder für dich: Du musst gar nichts. Wirklich.

> Wie wäre es mit einem neuen Motto: Was du heute kannst besorgen, das geht locker auch noch morgen.

"Warum klappst du bei dem ganzen Stress nicht zusammen?" — "Keine Zeit."

- Twitter @die StadtWaldfee -

16. Ab nach draußen

Verbringe so viel wie möglich deiner Zeit draußen oder woanders. Wenn man immer drin ist und ständig die eigene Wohnung sieht, dann fällt einem irgendwann jeder noch so kleine Krümel auf.

Das ganze Spielzeug auf dem Boden nervt, die Handtücher könnte man auch mal wieder farblich sortieren und das Gefrierfach wurde auch schon lang nicht mehr abgetaut. Da bleibt einem eigentlich nur die Flucht als einzige Option, oder?

Für die Kinder und den Partner

Kleine Kinder musst du natürlich mitnehmen. Vielleicht möchtet ihr zum Spielplatz gehen, dann sind die Chancen relativ hoch, dass dein Kind eine Weile allein spielt und du ein paar Minuten Stille am Sandkistenrand genießen kannst.

Ältere Kinder und den Partner kannst du aber auch mal zu Hause lassen und allein ein bisschen durchatmen, einen kühlen Kopf bekommen oder deine Freundin zum Spazieren oder im Café treffen. Mit ein bisschen Abstand sieht die Welt gleich wieder ganz anders aus.

17. Verknüpfe dein Gehirn neu

Wenn dir mal wieder die Haare zu Berge stehen, dann mache bewusst etwas ganz anderes. Zu Beginn wird es dir noch schwer fallen, dem inneren Drang nicht nachzugeben. Doch mit der Zeit entstehen im Gehirn neue Verknüpfungen und nach einer Weile wird es dir zunehmend leichter fallen, gelassen zu bleiben.

Wenn du zum Beispiel vor Überforderung losschreien und schimpfen willst, dann überwinde dich, genau das nicht zu tun.

Finde eine Ersatzhandlung, beispielsweise das Fenster zu öffnen und – der Klassiker – drei tiefe Atemzüge zu machen.

Wenn du es in solchen Situationen mehrmals schaffst, dich gegen deine bisherigen Reaktionen zu stellen, dann wird daraus eine neue Gewohnheit werden.

Besiege den Perfektionismus

Für die Kinder und den Partner

Der Wille für diese Veränderung muss von dir selbst kommen, denn nur so wirst du es lange genug durchziehen, bis sich tatsächlich neue Gewohnheiten bilden und sich langsam, aber sicher mehr Entspannung in deinem Leben breitmacht.

Wenn es dir schwerfällt und der Rand des Wahnsinns bereits in Sichtweite ist, dann bitte deinen Partner, dich abzulenken. Auch deine Kinder werden sich freuen, wenn du dich zu ihnen setzt, anstatt dich auf vermeintlich unaufschiebbare Erledigungen zu stürzen.

18. Vergleiche dich mit anderen

Ja, richtig gelesen. Egal wie schlimm es bei dir aussieht, **es gibt garantiert immer jemanden, bei dem es noch schlimmer ist.** So ein kleiner Perspektivenwechsel zwischendurch hält das Hamsterrad an und du kannst aussteigen, um dir mal die Beine zu vertreten und dir selbst auf die Schulter zu klopfen.

Für die Kinder und den Partner

Abwertung oder gar abfällige Bemerkungen über andere vor den Kindern – oder auch sonst – sollten hier natürlich keinen Platz haben. Es soll dich einzig und allein etwas beruhigen, dir vor Augen zu halten, dass das größte Chaos der Welt bestimmt nicht deines ist.

Du findest auf YouTube zum Beispiel zahlreiche Videos zum Thema "Deep clean", in denen verwahrloste Häuser und Wohnungen auf Vordermann gebracht werden.

Im Vergleich dazu werden das bisschen Spielzeug im Wohnzimmer und die Marmeladenkleckse im Flur dir gar nicht mehr so sehr als unüberwindbare Hürde erscheinen.

Diese Strategie ist vorwiegend zur Notfallberuhigung gedacht, wenn dich eine heftige Krise ereilt. Sie ist so einfach wie effektiv und beruhigt ein bisschen die Nerven.

19. Ändere dein Mindset

Es ist eigentlich ganz einfach. **Versuche, aufkommende negative Gedanken in positive umzuwandeln.**

Wenn dein Kind um 5 Uhr morgens aufstehen möchte, dann bewundere den Sonnenaufgang. Wenn sich das schmutzige Geschirr stapelt, dann halte dir vor Augen, dass ihr genug zu essen habt und deine Kinder satt sind.

Klar, danach ist einem nicht immer zumute. Es ist auf jeden Fall Übungs- und Gewohnheitssache – aber es lohnt sich und kann tatsächlich dein ganzes Leben verändern.

Besiege den Perfektionismus

Für die Kinder und den Partner

Überlegt euch jeden Abend gemeinsam drei Dinge, die ihr vom Tag positiv in Erinnerung behalten habt. Das ist nicht nur ein schönes Ritual vor dem Einschlafen, sondern ermutigt auch dazu, den Fokus tagsüber eher auf die schönen Dinge des Lebens zu legen.

20. Der Sinn des Lebens

Werden wir mal ganz ehrlich und direkt: Ist es dein Lebensziel, dass andere sagen, die hatte immer eine saubere Wohnung? Sie kam nie zu spät zur Arbeit, hat nie einen Termin vergessen und sowieso niemals eine Mahnung bekommen? Oder sollte dein Rückblick nicht doch lieber ein paar andere Dinge beinhalten?

Ergründe deinen persönlichen Sinn des Lebens – und rücke ihn ins Zentrum.

> *"Wenn du zukünftig mit einer Aufgabe konfrontiert bist und merkst, dass dein Perfektionismus-Schalter anspringen will, frage dich, ob du hier wirklich besonders viel investieren willst, weil es deinen Stärken entspricht und du deine Werte lebst oder ob du das machst, weil du aus der Abhängigkeit und der Angst heraus handelst!"*
>
> *- Ulrike Bossmann -*

21. Work smart, not hard

Der Wirtschaftsingenieur Allen F. Morgenstern hat mit diesem weisen Rat den Nagel auf den Kopf getroffen. Nur weil man ständig herumräumt heißt das noch lange nicht, dass es gut aussieht.

Daher: **Anstatt ständig Dinge von A nach B zu tragen, räume sie gleich an ihren Platz zurück**. Tassen kommen nicht in die Spüle, sondern gleich in den Geschirrspüler. Die Wäsche

Besiege den Perfektionismus

kommt gleich in den Schrank und wird nicht im Wäschekorb geparkt. (Da wir hier ja Perfektionismus beseitigen wollen, kann auch mal der ganze Wäschekorb in den Schrank gestellt werden – was zählt ist, dass sie da ist, wo sie hingehört).

> So kann sich gar nicht erst etwas anhäufen, dass dich in Versuchung bringt, gar nicht mehr anzuhalten und dich bis zum bitteren Ende auszupowern.

Für die Kinder und den Partner

Was die Spielsachen betrifft, sollte den Kindern kreativer Freiraum geboten werden. Ständige Ordnung ist dein Anspruch – aber ein Kind sollte sich auch mal austoben dürfen. Angepasst an ihr Alter könntest du mit deinen Kindern fixe Aufräumzeiten vereinbaren. Mit deinem Partner hingegen kannst du durchaus ausmachen, dass er ebenfalls alles nach Benützung an seinen angestammten Platz zurückbringt – oder zumindest in die magische Aufräumkiste (siehe Punkt 2).

22. Lass los

Das Wörtchen "delegieren" kam in den vergangenen Zeilen schon einige Male vor. Es fällt oft schwer, loszulassen und damit auch die Kontrolle abzugeben. **Doch wie sollst du Mental Load abgeben und deine Urlaubsmomente genießen, wenn du nicht mal den Staubsauger aus der Hand geben willst?**

"Ach ich mach es einfach selbst, dann passt es wenigstens" – kennst du, oder? So lädst du dir immer noch mehr auf und ehe du dich versiehst, dreht sich das Hamsterrad wieder so schnell, dass einem schon beim Zuschauen schwindlig wird.

Für die Kinder und den Partner

Binde sie im Rahmen ihrer Möglichkeiten mit ein. Kinder können schon früh altersgerechte Aufgaben übernehmen. Gleichzeitig geben ihnen kleine Verantwortungen das Gefühl, in der Familie eine wichtige Rolle einzunehmen – also tust du gleich auch noch etwas für die Entwicklung.

23. Deine Exitstrategie

Wenn du mal wieder dem Wahn verfällst, dann kommt deine Exitstrategie zum Einsatz. **Rufe beispielsweise eine Freundin an oder tue etwas anderes, dass dich kurz ablenkt und die Laune erhellt.**

Für was auch immer du dich entscheidest – der Punkt ist, dass du aus der Situation rauskommst, das Leben außerhalb deiner gestressten Seifenblase wieder wahrnimmst und dich darauf besinnst, was wirklich zählt.

24. Freue dich auf etwas

Wenn du etwas vor dir hast und bereits erahnen kannst, dass Perfektionspotenzial besteht, **dann nimm dir für danach etwas Schönes vor, das du gerne magst.**

Besiege den Perfektionismus

> Wenn du am Beginn schon weißt, dass für hinterher etwas geplant hast, dann sinkt die Wahrscheinlichkeit, dass du nicht bis ins kleinste Detail daran werkelst, obwohl es doch schon längst gut ist.

Möglicherweise erwartet dich eine halbe Stunde in der Badewanne, dein Lieblingsessen oder ein Treffen auf dem Spielplatz mit einer guten Mamafreundin.

Für die Kinder und den Partner

Denen versprichst du am besten etwas, denn dann wirst du mit Vehemenz daran erinnert, das auch einzuhalten. Wie wäre es mit Eis essen mit den Kindern?

25. Vorsicht, Falle!

Tappe nicht in die Vorsätze-Falle. Am Beginn von großen Änderungen nimmt man sich oft Großes vor und verspricht sich selbst hoch und heilig, es durchzuziehen. Wenn es dann nicht geklappt hat, ist man enttäuscht von sich selbst und erliegt der Überzeugung, es ohnehin nicht zu schaffen und sich nie ändern zu können.

> Anstatt einem selbst aufgestellten Ideal nachzujagen, setze lieber kleine und greifbare Ziele und mache dir auch die kleinen Erfolge bewusst.

Jeder Schritt zählt und auch Rückschläge sind Teil des Prozesses.

Ein bekannter Termin für unerfüllbare Vorsätze ist Neujahr. Anstatt dir für so einen langen Zeitraum hohe Ziele zu setzen, konzentriere dich doch erst mal auf die kommende Woche oder auch nur auf den heutigen Tag.

Beginne damit, dir eine einzige Sache vorzunehmen und wenn du das Gefühl hast, dass du langsam geübter wirst, kannst du beginnen, dich zu steigern.

> *"Nicht alle Heldinnen tragen einen Umhang. Ich zum Beispiel trage einen Wäschekorb. Oder Augenringe. Oder ein Glas Wein."*
>
> *- Kindherzgedanke -*

26. Das Allheilmittel

Wenn der Perfektionismus überhandnimmt, dann mache diese kleine Übung, um kurz innezuhalten. So findest du zu dir zurück und erinnerst dich wieder an das Wesentliche:

> Nimm mit deiner linken Hand einzeln jeden Finger der rechten Hand und halte ihn für ein paar Atemzüge fest. Anschließend wechselst du die Hände.

Besiege den Perfektionismus

Für die Kinder und den Partner

Lass deine Familie am besten mitmachen. Diese Übung könnte für deinen Partner auch einmal hilfreich sein und deine Kinder lernen so schon früh ein wirksames Tool, dass sie auch selbst gut anwenden können.

27. Szenenwechsel

Wenn der Kopf wieder raucht und dir gefühlt alles bis zum Hals steht, dann **wechsle doch einfach mal den Raum.**

Geh auf den Balkon, in den Garten oder ins Wohnzimmer. Nimm dir etwas zum Naschen oder eine Tasse Kaffee mit. Wenn du nach ein paar Minuten an den Ort des Geschehens zurückkommst, hat sich die Stimmung oft schon ins Bessere gewandelt.

28. Sei nachsichtig mit dir

An manchen Tagen fällt es leicht, Veränderungen vorzunehmen und Neues zu probieren. An anderen wiederum erscheint es nahezu unmöglich. Sei in diesen Phasen nachsichtig mit dir. **Verzeihe dir, wenn du in alte Muster rutschst, anstatt dir Vorwürfe zu machen.**

> Halte dir vor Augen, dass jede Phase irgendwann vorüber geht, auch wenn es sich manchmal nicht so anfühlt.

Wenn du dir heute wieder Gemeinheiten deines inneren Kritikers angehört hast, anstatt ihn zu stoppen, wenn dir dein brandneues positives Mindset abhandengekommen ist oder du nicht tief durchatmend auf dem Balkon gestanden bist: Sehe es dir nach. Zerbreche dir nicht den Kopf darüber und sei nicht nachtragend mit dir selbst.

MENTAL LOAD

Entrümple den Mental Load

Entrümple deinen Mental Load

Es gibt Leute, die fliegen mit richtig viel Gepäck in den Urlaub. Und dann? Dann zahlen sie für Übergepäck, müssen schleppen und einen guten Überblick über das ganze Zeug hat man auch nicht. **Am Ende bemerkt man dann, dass man nicht einmal die Hälfte davon gebraucht hätte und sich von einigen Dingen sogar gleich ganz trennen könnte.**

> Demnach solltest auch du deine Weiterreise hier Richtung Urlaubsmomente mit leichtem Gepäck antreten.

Dein Rucksack ist zwar unsichtbar, nämlich die mentale Last, die du trägst – dafür ist er umso schwerer und eine große Belastung, die dir denn Alltag und auch insgesamt das Leben nicht gerade vereinfacht.

Damit du durch deine bleischwere Mental Load nicht für immer und ewig zu Hektik, erhöhtem Blutdruck und Nerven mit der Konsistenz von Zahnseide verdammt bist, kommen hier eine Menge Tipps und Gedankenansätze für dich. Versuche damit, deine Mental Load ein bisschen auszusortieren, aufzuräumen und vielleicht sogar einen Teil davon wegzuwerfen.

Wie wir ja bereits zu Beginn festgestellt haben, wird die mentale Last hauptsächlich von Müttern getragen. Vielleicht hast du mit deinem Partner die anfallenden Aufgaben bereits gerecht aufgeteilt, doch dein Gedankenkarussell rattert wahrscheinlich trotzdem unaufhörlich. Erst recht, wenn du als Alleinerziehende den Alltag alleine stemmst.

Daher sollen die nächsten 19 Punkte – **unabhängig von wünschenswerter oder gängiger Rollenverteilung und Geschlechterklischees – in erster Linie DIR das Leben erleichtern.**

Sie sollen dich dabei unterstützen, deine mentale Last greifbar zu machen und dich ermutigen, mit deinem Partner und deinem Umfeld darüber zu sprechen – und schlussendlich Lösungen zu finden.

29. Von unsichtbar zu sichtbar

Alles einmal aufzuschreiben und damit für dich und andere sichtbar zu machen, hat sich schon beim Thema Perfektionismus bewährt. **Diesmal geht es nicht um die Aufgaben, die zu erledigen sind, sondern um deine Gedanken dazu.**

Wenn du zum Beispiel an einen Termin am Nachmittag denkst, was fällt dir dann noch alles dazu ein? Wickeltasche packen, einen Snack für die Kinder mitnehmen, vorher noch tanken, danach könntest du ja beim Bäcker vorbeifahren?

> Das alles ist mentale Last. Wenn du das erst mal verschriftlicht hast, dann fällt es viel leichter, etwas davon abzugeben. Und dann lass los!

Die Bäckerei verkauft die Brötchen mit Sicherheit auch an deinen Partner.

Entrümple deinen Mental Load   **63**

Für die Kinder und den Partner

Hänge deine soeben niedergeschriebene mentale Last gerne irgendwo auf, wo alle es sehen können. So bekommt auch dein Partner ein Gefühl dafür, was den ganzen Tag in deinem Kopf los ist – und kann dir etwas davon abnehmen. Kleiner Extratipp: Besonders gut geeignet dafür und außerdem übersichtlich ist eine klassische Mindmap.

Eine Mindmap ist simpel, übersichtlich und daher sehr gut dafür geeignet, deine Mental Load zu sortieren.

In die Mitte kommt das Hauptthema, beispielsweise "Abendessen vorbereiten". Anschließend führen von diesem Hauptthema mehrere Striche mit dazugehörigen Nebenthemen weg. Das kann zum Beispiel sein "Einkaufen gehen", "Rezept suchen", "für morgen vorkochen" und was dir noch alles zu dem Thema in den Sinn kommt. Im nächsten Schritt führen von diesen Nebenzweigen weitere kleine Striche weg – hier schreibst du alles hin, was dir noch durch den Kopf geht und welche Schritte und Aufgaben diese Tätigkeiten außerdem noch beinhalten.

So hast du auf einen Blick alles vor dir, was mit der Vorbereitung des Abendessens zusammenhängt und du wirst mit Sicherheit selbst darüber erstaunt sein, wie viel das eigentlich ist. Da ist es doch wirklich kein Wunder, dass dich manchmal deine eigenen Gedanken erschlagen und du dich ausgelaugt und überfordert fühlst, oder?

> Das Gute daran: Mit dieser Übersicht zu verschiedenen Themen deines Alltags in der Hand kannst du deine mentale Last radikal ausmisten.

30. Der Notizblock

Wie du während der vorangegangenen Tipps festgestellt hast, ist Aufschreiben generell eine gute Idee. Alles, was auf einem Zettel steht, musst du dir nicht mehr merken.

Solltest du also etwas Unaufschiebbares vor dir und keinen Partner neben dir haben, dann schreibe deine Gedanken dennoch nieder. So hast du den Kopf frei für etwas anderes und im akuten Stressmoment musst du nur einen Blick auf deinen Spickzettel werfen.

Bleiben wir beim Beispiel mit dem Termin und was du alles damit in Zusammenhang bringst:

> Sobald du sämtliche "könnte, müsste, sollte"-Gedanken zu Papier gebracht hast, können deine Gedanken aufhören, darum zu kreisen und du fühlst dich gleich ein bisschen entspannter.

"Die Frau fürs Leben ist nicht das Mädchen für alles."

- Laura Fröhlich -

Entrümple deinen Mental Load

31. Die Sorgenzeit

Egal wie fleißig wir üben, transformieren und entrümpeln: So ein paar klitzekleine Restsorgen finden sich immer irgendwo. **Da hilft nur eines, nämlich die Flucht nach vorn.**

Wenn dir deine eigenen Gedanken mal wieder ein bisschen das Leben schwer machen, dann notiere sie dir für später. Mache mit dir selbst eine Uhrzeit aus, beispielsweise 20 Uhr und dann kramst du deine Notizen hervor.

> Gebe dir eine halbe Stunde Zeit, um dir ausgiebig Sorgen zu machen und dann wende dich wieder anderen Dingen zu.

Denn: Wozu sich den ganzen Tag vermiesen, wenn man alle Sorgen auch in eine halbe Stunde quetschen kann?

Für die Kinder und den Partner

Hier gibt es eine feine Linie, die dein Einfühlungsvermögen erfordert. Du kannst deine Familie bitten, dass Sorgen generell nur zu einer bestimmten Zeit besprochen werden und ihr dann auch gleich an einer Lösung arbeitet. Wenn aber deine Kinder gerade etwas sehr belastet, dann ist es wenig ratsam, sie auf später zu vertrösten.

32. Dein Zyklus

Der Einfluss des weiblichen Zyklus auf die Leistungsfähigkeit wird häufig unterschätzt. Es ist vollkommen normal, dass der Körper einer Frau nicht immer auf Höchstniveau abliefern kann. Im Durchschnitt umfasst der Zyklus 28 Tage, die Rena Föhr – Journalistin und Zyklusexpertin – mit den Jahreszeiten vergleicht.

> Beobachte deinen Zyklus genau und halte fest, wie du dich in den verschiedenen Stadien fühlst.

Sofern möglich, solltest du alles, was dir viel abverlangt, in die energiegeladene Phase deines Zyklus legen und dir in den anderen Stadien die Pausen gönnen, die du brauchst – und deine mentale Last so gut wie möglich delegieren oder einfach mal etwas ausfallen lassen.

Für die Kinder und den Partner

Aufklärung ist ein sehr individuelles Thema, das jede Familie anders handhabt. Es ist durchaus sinnvoll, deine Kinder und deinen Partner einzuweihen, denn dieser Aspekt beeinflusst im Endeffekt eure aller Zusammenleben und schafft Verständnis dafür, dass Mama nicht immer mit dem Fuß auf dem Gaspedal stehen kann.

33. Kann das weg?

Nimm dir mal einen deiner Notizzettel zur Hand, die du bisher mit deiner Mental Load gefüllt hast. Nehme Stifte in drei verschiedenen Farben, nämlich grün, gelb und rot. Markiere die einzelnen Punkte jetzt mit der jeweiligen Farbe:

Entrümple deinen Mental Load

Grün ist sehr wichtig, gelb ist zwar nicht ganz unwichtig, aber die Erde wird sich weiterdrehen, wenn es mal ausfällt oder vergessen wird und rot ist eigentlich überhaupt nicht essenziell.

Und ab sofort lass all die roten Punkte weg – vergesse sie einfach. Ist das nicht erholsam?

Für die Kinder und den Partner

Nicht nur häufig, sondern fast immer wird für den Partner und die Kinder mitgedacht, wobei sich Letzteres bis zu einem gewissen Alter kaum vermeiden lässt. Hier kannst du allerdings nach dem gleichen Prinzip vorgehen und dann die gelben Punkte delegieren.

34. Schmeiß es weg!

Fällt es dir noch ein bisschen schwer, die roten Punkte ziehen zu lassen? Vielleicht ist darunter ja der Geburtstag einer Freundin, von der du sonst das ganze Jahr über nichts hörst, irgendein Rezept, dass du unbedingt noch aufschreiben wolltest, obwohl du ohnehin weißt, dass du es nicht nachkochen wirst oder dass du endlich mal die Pfandflaschen wegbringen musst.

Was auch immer es ist, wir nehmen mal wieder die Stifte zur Hand:

Schreibe deine roten Punkte auf kleine Zettelchen und schmeiße diese anschließend in den Müll.

Mit dieser symbolischen Handlung bekommt das Ganze noch mehr Gewicht, du entledigst dich sozusagen sichtbar und greifbar von deiner Last.

Für die Kinder und den Partner

Alternativ (und auch etwas müllsparender) kannst du mit deiner Familie Steine mit deinen roten Punkten beschriften und diese in den nächsten Fluss werfen. Die Kinder werden damit einen Riesenspaß haben und du kannst dich an der wunderbaren Symbolik erfreuen, dass der Fluss des Lebens selbst dann weiterfließt, wenn du deine roten Punkte vollkommen vergessen hast.

35. Profitiere von Struktur und Routinen

Wenn viele tägliche Abläufe einander ähneln, dann musst man nicht jedes Mal wieder darüber nachdenken. Damit fällt eine spürbare Menge an mentaler Last weg.

> Für einen ersten Schritt eignen sich dafür der Morgen und der Abend gut.

Die Gestaltung ist hier natürlich von Familie zu Familie unterschiedlich, weshalb du dir erst mal in Ruhe überlegen solltest, welche Struktur und Gewohnheiten hier für euch sinnvoll und passend sind.

Entrümple deinen Mental Load

Versuche im nächsten Schritt, dich täglich daran zu halten – nach einer Weile wirst du die Abläufe dann ganz automatisch erledigen und musst nicht mehr extra an jeden Schritt denken.

Für die Kinder und den Partner

Je älter die Kinder, desto besser kannst du sie hier einbinden. Ältere Kinder können morgens beispielsweise helfen, den Frühstückstisch vorzubereiten und abends die Geschirrspülmaschine einräumen. Wie bereits erwähnt, sorgen diese kleinen Aufgaben dafür, dass Kinder ihre Rolle in der Familie finden und gleichzeitig wirst du entlastet.

> "Gewohnheiten reduzieren die kognitive Last und machen Platz frei für mentale Kapazitäten. So kannst du deine Aufmerksamkeit anderen Dingen widmen."
>
> - James Clear -

36. Entlastete Zeit

Übe, deine mentale Last nicht immer mit dir herumzutragen.

> Stelle sie gedanklich in die Ecke und versuche, dich 20 Minuten nicht damit zu beschäftigen.

Was du in dieser Zeit machst, liegt ganz bei dir. Haushalt, Hausaufgaben, lesen oder gar nichts – was zählt ist, dass du deine Mental Load nicht beachtest.

Anfangs wird dir das sicherlich noch etwas schwerfallen, doch mit der Zeit kannst du dann auf 30 Minuten erhöhen und dich immer weiter steigern – bis es dir ganz leicht fällt, deine Mental Load eine ganze Weile in ihrer Ecke verstauben zu lassen.

Für die Kinder und den Partner

Diese Übung eignet sich auch hervorragend dafür, dir ganz bewusst Zeit für deine Familie zu nehmen. Wenn du dich ganz auf sie einlässt, dann werden die Minuten beinahe unbemerkt verstreichen.

37. Der Familienplaner

Jeder kennt wohl die klassischen Familienplaner mit mehreren Spalten und dekorativen Illustrationen und Fotos. Mittlerweile sind diese auch **im Notizheftformat** erhältlich und kommen wie gerufen, um einen Teil deiner mentalen Last zu schultern.

Entrümple deinen Mental Load

Termine, Freizeitaktivitäten und Geburtstage hast du so auf einen Blick zur Hand und kannst gleichzeitig eine kleine Ecke in deinem Kopf freiräumen.

Selbstverständlich kannst du all diese Termine auch online planen und verwalten, beispielsweise mit Google Kalender.

Für die Kinder und den Partner

Deine Familie kann alles Anstehende selbst darin eintragen. Anstatt einem im Vorbeigehen zugerufenen "Mama, nächsten Sonntag ist unser Fußballmatch!" oder "Schatz, morgen werden beim Auto die Reifen gewechselt!" wird all das direkt niedergeschrieben, sodass du gar nicht erst in Versuchung kommst, deinen Mental-Load-Rucksack damit zu füllen.

Habt ihr einen Online-Kalender kannst du diesen zumindest mit deinem Partner teilen, sodass ihr gemeinsam die Termine verwalten und den Überblick behalten könnt.

38. Vorarbeiten ist nicht immer gut

"Wenn ich dies und jenes jetzt noch schnell erledige, muss ich es morgen nicht mehr machen." Na, kennst du diesen verlockenden Gedanken? Und hast du inzwischen auch schon festgestellt, dass das oft eine handfeste Lüge dir selbst gegenüber ist?

Denn morgen wirst du garantiert wieder den gleichen Gedanken haben, weil es auch morgen wieder Unmengen zu tun gibt. Der direkte Weg ins Hamsterrad ist dir damit sicher.

Biege also rechtzeitig ab, indem du dich auf den heutigen Tag fokussierst.

Wenn du alles erledigst, das für heute vorgesehen war, dann ist das noch immer mehr als genug – und du kannst dir deine Pause noch HEUTE, am besten sogar JETZT gönnen.

39. Minimalisiere deinen Terminkalender

Du musst nicht immer auf Achse sein. **Ja, wirklich, du DARFST Veranstaltungen und Einladungen absagen!**

Und wenn du nur aus Pflichtbewusstsein zur bereits gebuchten Yogastunde gehst oder am Samstag lieber den Vormittag auf dem Sofa verbringen möchtest, anstatt deinen Partner in den Baumarkt zu begleiten, dann darfst du das genauso machen, wie es dir am besten passt und den Rest sausen lassen.

Für die Kinder und den Partner

Auch die Kinder müssen übrigens nicht immer auf Achse sein. Viele Kinder sind sogar froh, wenn sie nach der Schule einen freien Nachmittag für sich haben und nicht wieder Gitarrenunterricht oder Schwimmkurs auf dem Plan stehen.

Mit deinem Partner kannst du in diesem Fall ebenso gute Kompromisse finden. Wöchentliches Kuchenessen bei den Schwiegereltern oder ständige Besuche bei und von Freunden sind dir zu viel? Äußere dich klar dazu und benenne deine Wünsche und Erwartungen – es wird mit Sicherheit eine Lösung geben, die euch beide zufriedenstellt. Wie heißt es so schön: Happy wife, happy life.

Entrümple deinen Mental Load

40. Verschnaufpausen

Wer viel trägt, der muss auch manchmal kurz stehen bleiben, um nicht irgendwann vollends aus der Puste zu sein.

Befestige kleine Reminder in den Räumen, an denen du dich am häufigsten aufhältst. Ein farbiger Post-it reicht da schon.

> Wann immer dein Blick daran hängen bleibt, mache zehn tiefe Atemzüge und konzentriere dich in dem Moment auf nichts anderes.

Danach kannst du dein Gepäck wieder Schultern und mit etwas mehr Energie weitermachen.

Für die Kinder und den Partner

Hier haben wir wieder eine Übung, die du nutzen kannst, um deinen Kindern als gutes Beispiel voranzugehen und schon von klein auf zu etablieren, dass sie sich Pausen gönnen und auf sich achten.

> *"Hinter jedem großartigen Kind steht eine Mutter, die sich ziemlich sicher ist, alles falsch zu machen."*
>
> *- Unbekannt -*

41. Der Morgenplan

Lege dir morgens einen Plan zurecht, was an diesem Tag alles erledigt werden muss. Du wirst dabei sicherlich gleich mehrere Gedankenabzweigungen nehmen und kannst diese ebenfalls gleich notieren.

> Anschließend kannst du sozusagen deine Mental-Load-Tasche für den Tag packen.

Überlege, was wirklich notwendig ist und was nicht – und dann lade dir unterwegs nicht noch mehr auf!

Entrümple deinen Mental Load

Für die Kinder und den Partner

Bitte deine Familie darum, ebenfalls direkt morgens zu überlegen, was bei ihnen heute ansteht und was wichtig ist. So kannst du das auch gleich einplanen und mit leichterem Gepäck in den Tag starten, weil nicht noch etwas Unerwartetes auf dich lauert.

42. Für dich

Wenn du deine Mental Load so vor Augen hast, dann **überlege mal, was davon du tatsächlich für dich machst und wie oft du dich eigentlich für andere abhetzt**. Klar, füreinander da zu sein ist wichtig, das steht völlig außer Frage – aber das sollte nicht auf Kosten deiner eigenen Gesundheit passieren.

> Wenn du feststellst, dass du größtenteils nur damit beschäftigt bist, für andere mitzudenken, zu organisieren und zu planen, dann trete ruhig mal einen Schritt zurück.

Anstehende Geburtstagspartys können auch von Freunden dekoriert werden, bestimmt hat dein Partner ebenfalls entlang seines Heimweges einen Supermarkt und deine Freundinnen sollten ohnehin die ersten sein, die Verständnis dafür haben, wenn du einmal eine Pause brauchst.

Für die Kinder und den Partner

Oft haben wir das Bild einer sich liebevoll kümmernden Mutter vor Augen, die rund um die Uhr unermüdlich für ihre Schätze im Einsatz ist. Dabei schließen sich liebevoll-kümmernd und Selfcare ja gar nicht aus.

Im Gegenteil: "You can´t pour from an empty cup", lautet das schöne Sprichwort. Radebrechend zu Deutsch bedeutet das, man kann aus einer leeren Tasse nichts ausgießen – du kannst nichts geben, wenn du selbst nichts hast. Bespreche daher mit deiner Familie, dass orientiert am Alter verschiedene Aufgaben selbst übernommen werden können und du regelmäßig Zeit zum Durchatmen brauchst.

43. Ein gemeinsames Ziel

Die Psychologin Patricia Cammarata empfiehlt, sich mit dem Partner zuerst auf ein gemeinsames Ziel zu einigen. **Dann kann darüber diskutiert werden, was nötig ist,** um dieses zu erreichen. **Im Anschluss werden dann die dafür anfallenden Aufgaben aufgeteilt,** sodass in effektiver Zusammenarbeit dieses Ziel erreicht wird.

Ein Beispiel: Das Ziel ist, die Kinder morgens pünktlich bei der jeweiligen Betreuung (Kindergarten, Tagesmutter, Schule) abzuliefern und davor noch gemeinsam eine Tasse Kaffee am Frühstückstisch zu trinken.

Überlegt also, wie das gelingen kann. Die Kinder müssen geweckt und angezogen werden, Körperpflege wäre auch wünschenswert, der Tisch muss gedeckt und der Kaffee gekocht werden. Wenn die Schritte sinnvoll aufgeteilt werden, dann hast du nur die Hälfte der Mental Load zu tragen und ihr erreicht er-

Entrümple deinen Mental Load

77

folgreich und effizient euer gemeinsames Ziel – eine gemeinsame Tasse Kaffee und rechtzeitig abgelieferte Kinder.

Solltest du keinen Partner an deiner Seite haben, dann kannst du das Ganze auch gemeinsam mit deinen Kindern angehen und den Weg ans Ziel kindgerecht gestalten. Schon kleine Kinder freuen sich beispielsweise über einen morgendlichen Kakao zusammen mit Mama und verstehen, dass ihr mehr Zeit dafür habt, wenn ihr euch vorher schnell gemeinsam vorbereitet.

44. Mach mal nichts

Wenn du die Kinder vom Kindergarten abgeholt hast oder wenn ihr abends alle von der Arbeit und von der Schule nach Hause kommt, dann haste nicht wieder drauf los, sobald du den Schlüssel ins Schloss gesteckt hast. Dein Kopf ist randvoll mit Dingen, die jetzt noch erledigt und für morgen vorbereitet werden müssen – verständlich.

Versuche in dieser Situation erst mal innezuhalten. Lege dein Gepäck kurz zur Seite und setz dich.

> Diese bewusste Handlung braucht Übung, denn die Verlockung, noch "ganz schnell" und "NUR" dies und jenes abzuhaken ist groß.

So rückt dein wohlverdienter Tagesabschluss aber entweder in immer weitere Ferne oder du erreichst ihn so abgehetzt, dass du ihn ohnehin nicht richtig genießen kannst oder direkt auf dem Sofa einschläfst.

Für die Kinder und den Partner

Hier lässt sich ein schönes neues Ritual etablieren. Setzt euch doch nach dem Heimkommen alle für ein paar Minuten gemeinsam aufs Sofa. Kommt nicht nur körperlich zu Hause an, sondern auch innerlich – lasst den Tag ziehen, erzählt von euren Erlebnissen und ruht euch kurz aus. Ganz nebenbei ist das auch noch gut für die Bindung und die Beziehung zwischen Eltern, Kindern und Geschwistern. Da spricht doch wirklich nichts dagegen, oder?

45. Effizienz ist nicht alles

Es muss nicht immer alles tunlichst schnell und zeitsparend über die Bühne gehen.

Erledige auf dem Nachhauseweg "bewusst nicht noch schnell "hundert verschiedene Dinge, nur weil es auf dem Weg liegen würde. Gehe mit leeren Händen durch deine Wohnung oder dein Haus und kümmere dich nicht "noch schnell" um die Wäsche, weil du ja sowieso gerade im Bad bist.

Für die Kinder und den Partner

Kinder haben eine Verspieltheit und Leichtigkeit an sich, die wir als Erwachsene oft schon vergessen haben – sie wurde uns im Laufe des Lebens schlichtweg abtrainiert, weil unpraktisch und zeitraubend. Deine Kinder sind deine wahren Coaches, denn durch sie kannst du lernen, deinen Blick auf ganz andere Dinge zu richten, eine neue Perspektive zu bekommen und nicht immer möglichst viel in möglichst kurzer Zeit erledigen.

Entrümple deinen Mental Load

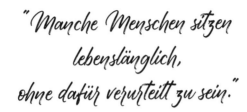

"Manche Menschen sitzen lebenslänglich, ohne dafür verurteilt zu sein."

- Gerhard Uhlenbruck -

46. Mach dir eine Freude

Wenn du sowieso deine Tasche mit jeder Menge mentaler Last herumschleppst, dann sollte da auch etwas Erfreuliches drin sein, oder?

Fülle dein Gepäck neben Einkaufslisten, Terminen, Elternabenden und Vorbereitungen doch auch mal mit etwas, das dir Freude macht.

"Wenn ich nach der Arbeit noch schnell Katzenfutter hole, dann kann ich mir von der Drogerie gegenüber auch gleich eine Gesichtsmaske für heute Abend kaufen".

"Wenn ich für Tante Mathildes Geburtstag die Blumen hole, dann nehme ich mir gleich neue Balkonpflanzen mit." Klingt doch schon viel besser, oder?

Mit Gedanken wie diesen füllt man gerne seinen Kopf. Gleichzeitig steigt die Wahrscheinlichkeit, dass du dir tatsächlich mal etwas Gutes tust und es nicht immer auf die lange Bank schiebst, bis es am anderen Ende runterfällt.

47. Rede darüber

Mentale Last findet vorwiegend in unseren Köpfen statt und wird selten laut ausgesprochen.

Indem du darüber redest, wird dir erstens bewusst, was für eine wahnwitzige Menge du da eigentlich trägst. Darüber hinaus tut es immer gut, Gleichgesinnte zu finden und auch mal darüber zu lachen.

Oft entwickeln sich im Gespräch außerdem ganz überraschende Ideen und Lösungsvorschläge und du kannst dir von anderen abschauen, welche Strategien sie für sich entwickelt haben.

Für die Kinder und den Partner

Eine enge Mamafreundin wird mit Sicherheit gut nachvollziehen können, wie es dir mit deiner Mental Load geht. Nachhaltig entlasten können dich aber nur die Personen, mit denen du deinen Alltag teilst. Daher: Gewähre auch deinen Kindern und deinem Partner einen Einblick in deinen Gedankentsunami und findet gemeinsam Alternativen und Lösungen.

Entrümple deinen Mental Load

48. Gib dir Zeit

Möglicherweise schleppst du deine mentale Last schon seit Jahren mit dir herum und hast gerade erst gemerkt, dass nicht alles davon zwingend notwendig ist. Sich von etwas zu trennen, fällt vielen Menschen gar nicht so leicht und wie du bereits weißt, ist das ewige Weiterlaufen im Hamsterrad eine Gewohnheit, die sich nicht im Handumdrehen ablegen lässt.

> Sei daher nicht zu streng mit dir, wenn du dein Gepäck nicht innerhalb kürzester Zeit reduzieren kannst und deine Gedanken noch immer beinahe ständig darum kreisen.

Vielleicht setzt du bereits einige Vorschläge aus dem Abschnitt Perfektionismus um und nimmst dir mittlerweile abends ohnehin Zeit, um deinen Tag zu reflektieren. Bei dieser Gelegenheit kannst du dir auch gleich deine Erfolge betreffend der Mental Load vor Augen halten: Was konntest du heute gut delegieren und loslassen? Welche deiner für den nächsten Tag geplanten Aufgaben möchtest du anders angehen als sonst und welcher der vergangenen Punkte könnte dir dabei helfen?

Konkrete, aber kleine Ziele sind der sicherste Weg zum Erfolg – wenn du dann in einem Jahr zurückblickst, wirst du erstaunt von dir selbst sein!

ACHTSAMKEIT

Trainiere Achtsamkeit

Trainiere deine Achtsamkeit

Wie du sicherlich bereits aus eigener Erfahrung weißt, hat man als Mama rund um die Uhr unzählige Gedanken im Kopf. Man ist ständig im Einsatz und kurze Ruhemomente, die am Horizont auftauchen, sind meist nur eine Fata Morgana. Selbst wenn man die Oase der Verschnaufpause tatsächlich erreicht, verweilt man dort nur einen Augenblick und es geht direkt weiter.

> Was dabei so ein bisschen an einem vorbeizieht, ist das Leben selbst. Wir verpassen sehr viele winzig kleine, aber umso wertvollere Momente, weil wir im Kopf schon längst mehrere Schritte weitergehastet sind.

Auch die innere Ruhe verabschiedet sich da meist schnell. **Achtsam zu sein muss man lernen,** doch die gute Nachricht ist: **Man KANN es lernen** und das auch relativ schnell, nachhaltig und mit einem merkbaren Unterschied.

Achtsamkeitsübungen sind vor allem ein innerer Prozess. Sie helfen uns dabei, dem Hamsterrad zu entkommen, befreien von Negativität und Stress und helfen sogar bei Depressionen und Burnout.

Der Einfluss von Achtsamkeit auf das körperliche und geistige Wohlbefinden ist immer wieder Gegenstand von Studien und konnte auch bereits belegt werden, denn die Änderungen sind im Gehirn messbar.

Wie schon ganz zu Beginn erwähnt, ist Achtsamkeit nicht gleichbedeutend damit, ganz versunken in eine Meditation in andere Sphären abzudriften. **Achtsam zu sein ist nicht aufwendig und kompliziert, sondern ganz einfach in den Alltag zu in-**

tegrieren – und kann alltägliche Abläufe sogar in einem ganz neuen Licht erscheinen lassen.

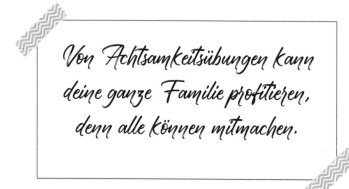

Von Achtsamkeitsübungen kann deine ganze Familie profitieren, denn alle können mitmachen.

Unter deiner Anleitung wird es deinen Kindern Spaß machen, die Übungen zu probieren. Langfristig schenkst du ihnen damit außerdem die Möglichkeit, sich selbst zu regulieren und vielleicht sogar zu ganz entspannten Erwachsenen zu werden. Auch dein Partner wird den positiven Effekt von Achtsamkeitsübungen nicht leugnen können.

Die folgenden 21 Übungen, Ideen und Gedankenanstöße helfen dir dabei, dich zu erden, bei dir und im Moment zu bleiben. Damit bist du bestens darauf vorbereitet, deine Urlaubsmomente tatsächlich zu fühlen und zu genießen.

Na, bist du schon ganz neugierig? Es geht los:

49. Jetzt

Wie der spirituelle Lehrer Eckhart Tolle bereits weise festgestellt hat, **haben wir jetzt genau in diesem Moment überhaupt gar keine Probleme.** Diese liegen in der Vergangenheit und in der

Zukunft – doch genau in diesem Moment BIST du einfach nur. Das ist doch schon mal ein sehr befreiender Gedanke, oder?

Klar, es ist manchmal erforderlich, das große Ganze zu betrachten. Das verursacht aber auch Stress, denn schneller, als wir es merken, kommen wieder Gedanken á la "Was wenn ...", "Ich muss noch ...", "Ich darf nicht vergessen, dass ...".

> Um dich daran erinnern, kurz ganz im JETZT zu verweilen, kannst du ein Armband oder einfach ein Haarband an deinem Handgelenk tragen. Wann immer du es siehst, zupfe daran und SEI für den Moment – und nichts anderes.

50. Fühle dich

Wer rund um die Uhr beschäftigt ist, kann so profane Dinge wie essen, trinken, Toilettengänge oder schlafen schon mal fast vergessen.

Mamas von Neugeborenen kennen das nur zu gut, doch auch Mütter älterer Kinder kommen oft nicht so richtig raus aus dem ewigen Verschieben eigener Bedürfnisse, deren Erfüllung nebenbei erwähnt überlebenswichtig ist.

> Halte öfters am Tag kurz inne und überlege, wie du dich eigentlich gerade fühlst.

Bist du hungrig oder durstig? Bist du müde? Hast du Schmerzen? Das wahrzunehmen ist der erste Schritt – etwas dagegen zu unternehmen der wünschenswerte nächste.

Für die Kinder und den Partner

Viele Mütter sind bis zur Selbstaufgabe im Einsatz. Da ist es natürlich eine Herausforderung, die eigenen Bedürfnisse ernst zu nehmen. Wenn es dir schwerfällt, dann gehe den Weg über deine Kinder oder deinen Partner, indem du sie fragst, wie sie sich gerade fühlen – und du dann erzählst, wie es dir im Moment geht. Vielleicht habt ihr sogar gerade alle ein bisschen Appetit und holt euch einen Snack oder alle könnten eine kleine Kuschelrunde auf dem Sofa gut gebrauchen.

51. Malen Teil I

Mandalas haben fast schon eine meditative Wirkung. Sie auszumalen lädt dazu ein, darin zu versinken, die Gedanken schweifen zu lassen und sich ganz auf diese Aufgabe zu konzentrieren.

Mittlerweile gibt es eine Riesenauswahl an Malbüchern für Erwachsene mit wunderschönen Mustern und Bildern, die dir ein paar Minuten schenken, um zur inneren Ruhe zurückzufinden.

Für die Kinder und den Partner

Diese Übung ist besonders familientauglich, denn die meisten Kinder malen gern – so könnt ihr einfach gemeinsam am Tisch sitzen und Kunstwerke in eure Malbücher zaubern.

Trainiere deine Achtsamkeit

52. Malen Teil II

Die Mandalaübung hat dir gefallen und du hast deine kreative Ader entdeckt? Hier ist noch eine Idee für dich: **Nimm ein weißes Blatt, wähle ein Lied aus** – von klassischer Musik bis hin zu deinem Lieblingslied ist alles möglich – lass dich davon inspirieren und male einfach drauf los.

> Durch die Musik steigt die Wahrscheinlichkeit, dass du ganz im Moment bleibst und dich merklich entspannst.

Für die Kinder und den Partner

Für die Kinder und den Partner: Es steht wahrscheinlich außer Frage, dass deine Kinder bei dieser Übung mit Feuereifer am Start sind. Jeder kann für sich ein Bild gestalten und hinterher könnt ihr euch ansehen, welche Ideen jedem von euch bei diesem Lied gekommen sind.

> *"Sitz nicht einfach nur da – tu irgendwas!" sollten wir das Gegenteil fordern: "Tu nicht einfach irgendwas – sitz nur da!"*
>
> *- Thich Nhat Hanh -*

53. Mit den Händen erschaffen

Generell können handwerkliche Tätigkeiten eine sehr meditative Wirkung haben. Sie laden dazu ein, im Jetzt zu versinken und am Ende hat man sogar ein echtes Ergebnis in der Hand – da zieht dann nicht einmal mehr das Argument der vermeintlichen Zeitverschwendung.

Die Möglichkeiten sind endlos: Ob Knete, Zaubersand, Ton, Holz oder Steine verzieren – schnapp dir, was du finden kannst und was dir zusagt und handwerke drauflos.

Trainiere deine Achtsamkeit

Für die Kinder und den Partner

Auch hier haben wir wieder eine sehr kinderkompatible Übung, denn wohl kaum ein Kind wird Herummatschen und -bröseln ablehnen. Ihr könnt auch einfach einen Karton schnappen und drauflos schneiden, basteln und anmalen – so haben deine Kinder auch noch eine tolle neue Spielkiste, mit der sie sich vielleicht sogar lang genug beschäftigen, dass du noch eine Tasse Kaffee oder Tee trinken kannst (oder heimlich ein bisschen naschen.)

54. Besser als nichts

Wie auch bei allen vorherigen Punkten gilt: Ein bisschen ist besser als gar nichts. **In diesem Fall nehmen wir mal das Spielen mit den Kindern ins Visier.** Früher oder später stehen wohl die meisten Kinder hoffnungsvoll vor ihren Eltern und bitten sie darum, mit ins Kinderzimmer zu kommen um gemeinsam mit dem Puppenhaus zu spielen oder ein Buch zu lesen.

Ganz unter uns, darauf hat man oft keine Lust und außerdem gibt es doch noch so viel anderes zu tun. Doch hier kommt ein nicht ganz so geheimer Geheimtipp: Bereits intensive 15 Minuten sind vollkommen okay.

> Wenn du dich in diesem 15 Minuten ganz auf dein Kind und sein Spiel einlässt, dann wird der Bindungstank im Turbotempo gefüllt und es findet sogar vielleicht in seine eigene Fantasiewelt, in der es dann ohne dich weiterspielen kann und manchmal sogar will – und du kannst zurückkehren zu deiner To-do-Liste.

Ehe du dich versiehst, hast du zwei Fliegen mit einer Klappe geschlagen: Dein Kind ist überglücklich und du hast obendrein noch 15 Minuten ganz im Hier und Jetzt verbracht – gratuliere zur erfolgreich absolvierten Achtsamkeitsübung!

55. Die gelebte Achtsamkeit

Eine Anekdote über einen buddhistischen Mönch beinhaltet den folgenden Satz: "Wenn ich stehe, dann stehe ich. Wenn ich gehe, dann gehe ich. Wenn ich sitze, dann sitze ich. Wenn ich esse, dann esse ich. Wenn ich liebe, dann liebe ich". Über den Rest der Menschheit hat dieser Mönch folgendes zu sagen: "Wenn ihr sitzt, dann steht ihr schon. Wenn ihr steht, dann lauft ihr schon. Wenn ihr lauft, dann seid ihr schon am Ziel." Na, erwischt?

Du kannst dir denken, wie diese Übung lautet: **Mach nicht mehr als das, was du gerade machst.**

Wenn du gerade umrührst, dann spüle nicht mit der anderen Hand schon mal die Teller ab. Wenn du frühstückst, dann schaue nicht nebenbei in dein Handy. Wenn du mit deinen Kindern kuschelst oder deinen Partner küsst, dann denke nicht nebenbei an deine Arbeit.

Das ist gelebte Achtsamkeit – und entzerrt deinen Alltag spürbar.

56. Nicht halbherzig

Manche Sachen muss man einfach machen. Zum Beispiel bügeln (diskutabel), das Bad putzen (indiskutabel) oder den Wocheneinkauf erledigen. Im Alltag einer Mutter gibt es viele Dinge, die man sehr gerne macht und andere wiederum, die einem schlicht gestohlen bleiben können, wo aber kein Weg dran vorbeiführt.

Trainiere deine Achtsamkeit

Hier stehst du an einer Kreuzung und hast zwei Möglichkeiten abzubiegen: Entweder du verrichtest unumgängliche Pflichtaufgaben halbherzig, genervt und denkst dabei an alles andere, was du lieber tun würdest.

Oder du nutzt diese hervorragende Gelegenheit dafür, deine Achtsamkeit zu trainieren.

> Fokussiere dich ganz auf deine Tätigkeit, beobachte Anspannungen in deinem Körper, deinen Atem und den sich anbahnenden Tinnitus.

Idealerweise versuchst du deinen Muskeln etwas zu lockern, tiefer zu atmen und ganz bei dir zu bleiben. So entspannst du nicht nur dich, sondern die ohnehin unvermeidbare Gesamtsituation.

57. Folge deinem Körper

Wenn du willst, kommt wieder deine Lieblingsmusik zum Einsatz – ist aber kein Muss.

> Stelle dich hin, nehme einen Atemzug und dann bewege dich so, wie es sich gerade gut anfühlt.

Tanzen, dehnen, strecken, alles was dir gerade guttut, deine Muskeln lockert und dich entspannt. Gleichzeitig spürst du so in dich hinein und kommst zur Ruhe.

Für die Kinder und den Partner

Spätestens wenn deine Kinder dich komisch tanzen und verrenken sehen, werden sie mitmachen wollen. Damit wird ihre Körperwahrnehmung trainiert und gleichzeitig ist so ein gemeinsamer lustig-entspannender Moment bindungsstärkend und ein Kandidat für die Schatzkiste der Kindheitserinnerungen.

> *"Die wahre Lebensweisheit besteht darin, im Alltäglichen das Wunderbare zu sehen."*
>
> *- Pearl S. Buck -*

58. Die Murmelübung

Für diese Fühlübung musst du nicht mal die Augen aufmachen oder aufstehen, denn du kannst sie gleich morgens im Bett durchführen.

> Sobald du wach bist, fühle in deinen Körper hinein. Gehe bewusst jeden Körperteil durch, beginnend bei deinem Kopf, deinem Gesicht, den Schulter, Armen, Händen, Bauch usw.

Trainiere deine Achtsamkeit

Zur Visualisierung kannst du eine imaginäre Murmel durch deinen Körper rollen lassen.

So startest du deinen Tag bereits mit einem kleinen Moment der Achtsamkeit und fühlst, wie es dir heute wirklich geht und was du brauchst.

Für die Kinder und den Partner

Oft starten Kinder morgens direkt von null auf hundert durch und wollen sofort aus dem Bett springen. Spreche während dieser Übung laut mit, damit deine Kinder daran teilhaben können und dabei gleichzeitig lernen, ihren Körper wahrzunehmen.

59. Atemzüge zählen

Nicht jede Situation ist gut geeignet für eine Achtsamkeitsübung. Beim Autofahren zum Beispiel sollte die Aufmerksamkeit idealerweise auf dem Verkehr und der Straße liegen. **Was aber immer geht, sind Atemzüge,** denn praktischerweise atmen wir gezwungenermaßen ohnehin ununterbrochen – da kommt auch die beschäftigste Mama nicht drum herum.

Wenn du also merkst, dass dir ein kurzer Ruhemoment nicht schaden würde, dann zähle einfach deine Atemzüge.

So findest du automatisch zum Jetzt und zu dir zurück. Wenn du deine Kinder im Gepäck hast, dann kannst du auch laut mitzählen (das geht selbstverständlich auch so, wenn du alleine bist).

60. Dein gedanklicher Ozean

Oft fühlen wir uns so, als würden wir in unserem Gedankenstrudel ertrinken. Du musst nicht direkt ein Profi-Yogi werden und in absoluter Stille so in dir ruhen, dass du gar nichts mehr denkst.

> Du kannst dir deine Gedanken aber zum Freund und es dir zunutze machen, dass die ununterbrochen auf dich einströmen, indem du sie dir wie Wellen vorstellst.

Nehme deine Gedankenwellen bewusst wahr und dann stelle dir vor, wie sie immer langsamer und ruhiger werden, bis dein innerer Ozean schließlich zu dem sanften und wohltuenden Meeresrauschen wird, das wir uns im grauen Alltag oft genug herbeisehnen.

61. Mantra

Ein Mantra kann ganz lang oder ganz kurz sein – eine Silbe genügt, aber auch ein Satz oder ein Vers ist möglich. Dieser wird mehrmals wiederholt, beispielsweise während einer Meditation.

> Du kannst dein Mantra aber auch einfach so vor dich hin summen, singen oder aufschreiben.

Die Tradition der Mantras kommt aus dem Hinduismus und wird schon seit Jahrtausenden angewandt. Damit wird der Fokus neu ausgerichtet und du verbindest dich wieder mit deinem Inneren.

Dein eigenes Mantra ist etwas ganz Persönliches. **Du solltest es so wählen, dass es dich anspricht und es dir leicht fällt**, es immer wieder zu wiederholen. Das kann sowohl das klassische

Trainiere deine Achtsamkeit

"Ommm" sein, aber auch "Ich bin genug". Suche dir ein Mantra (oder mehrere) aus und wiederhole es mehrmals täglich.

Am besten orientierst du dich dabei an Themen, die dich gerade beschäftigen. Das kann beispielsweise sein, dass du dir mehr Gelassenheit wünschst und demnach als Mantra auswählst "Ich strahle Ruhe aus". Möglicherweise bist du momentan etwas schlapp und daher passt für dich "Ich fühle mich voller Energie". Vielleicht hast du aber auch gerade überhaupt keine Nerven für irgendwas und summst einfach nur "lalala".

Für die Kinder und den Partner

Du kannst deine ausgewählten Mantras gemeinsam mit deinen Kindern anwenden – wenn sie schon älter sind, dann möchten sie sich vielleicht auch eigene zurechtlegen. Ein gemeinsames Mantra mit deinem Partner kann ebenso zu einem schönen Ritual werden.

> *"Nichts ist entspannender, als das anzunehmen, was kommt."*
>
> *- Dalai Lama -*

Die kommenden fünf Punkte sind deinen Sinnen gewidmet. Wir erledigen oft so vieles nur nebenbei, sind selten richtig bei der Sache und nehmen kaum noch etwas buchstäblich mit allen Sinnen wahr. Daher sollen dich diese Gedankenanstöße dazu inspirieren, das Leben vermehrt durch und durch zu ERLEBEN.

62. Höre!

Was hörst du gerade, außer dem stressbedingten Rauschen deines Pulses? Vielleicht sogar, wie die Vögel vor dem Fenster singen? Wie dein Kleinkind vor sich hinbrabbelt?

> Höre genau hin und verbinde dich über die Geräusche in deiner Umgebung nicht nur mit dir, sondern auch mit deiner Umwelt.

63. Rieche!

Was riechst du gerade? Mütter kleiner Babys werden jetzt vermutlich denken "Volle Windeln". Aber vielleicht riechst du auch, dass deine Nachbarin gerade etwas Leckeres kocht? Oder die vom Regen erfrischte Luft?

> Du könntest außerdem ein Lämpchen für ätherische Öle besorgen.

Lavendel hat beispielsweise eine beruhigende Wirkung und abgesehen davon ist es doch immer erfreulich, in einer duftenden Wohnung zu sein.

Der präsente Geruch kann dir außerdem dabei helfen, bei deinen Achtsamkeitsübungen nicht den Fokus zu verlieren.

Trainiere deine Achtsamkeit

Wichtiger Hinweis

Solltest du ein Baby oder Kleinkind daheim haben, erkundige dich unbedingt, ob das ätherische Öl, dass du verwendest für deine Lieblinge geeignet sind.

64. Schmecke!

Auch das dürfte dem Großteil der Mütter bekannt vorkommen: Der grummelnde Magen wurde viel zu lange ignoriert und während der Heißhungerattacke schnappt man sich dann das, was eben gerade da ist.

Wenn du gerade beim Essen bist, dann **stopfe es nicht in dich hinein, sondern fühle es in deinem Mund, nimm den Geschmack und die Konsistenz wahr.** Dabei fällt dir vielleicht sogar auf, dass du eigentlich Appetit auf etwas ganz anderes hast.

Wenn du das Selbstliebe- und Selfcare-Game im nächsten Level spielst, dann bereitest du dir sogar genau das zu, auf das du gerade Lust hast, anstatt dir im Vorbeigehen schnell die Reste der Kinder in den Mund zu stecken.

65. Sehe!

Was siehst du gerade? Was entdeckst du, wenn du aus dem Fenster schaust? Wie schauen die schön hergerichteten Häuser und liebevoll dekorierten und gepflegten Gärten auf deinen täglichen Spaziergänge aus?

> Nehme deine Umgebung wahr – und entdecke dabei ganz neue schöne Ecken, die dir bisher aus Eile gar nicht aufgefallen sind.

66. Fühle!

Wenn die Gedanken ständig um etwas anderes kreisen, dann bist du im wahrsten Sinne des Wortes außer dir. In der Eile spüren wir oft nicht einmal mehr, wie die Dinge sich anfühlen, die wir den ganzen Tag so berühren (außer es ist irgendetwas undefinierbares Klebriges, das dein Kind dir gerade in Hand gedrückt hat).

> Nimm dir hier deinen Nachwuchs zum Vorbild, denn dieser findet in kindlicher Neugier unterschiedliche Texturen, Materialien und Konsistenzen unglaublich spannend und faszinierend.

Fühle bewusst die Dinge, die du angreifst und in die Hand nimmst – ein Handtuch, Besteck, eine Babydecke, deine Haarbürste, die weiche kleine Hand deines Kindes.

"Die kleinen Dinge? Die kleinen Momente? Sie sind nicht klein."

- Jon Kabat Zinn -

Trainiere deine Achtsamkeit

67. Zeit für eine Massage

Nein, dafür hast du keine Zeit? Und sowieso kein Geld? Dann mach´s einfach selbst:

> Wenn du dir zwischendurch den Kopf und die Ohren massierst, dann entspannt das nicht nur, sondern holt dich auch wieder in den Moment und deine innere Mitte zurück.

Es reicht schon aus, wenn du deine Finger mit kreisenden Bewegungen über deinen ganzen Kopf bewegst. Lasse auch den Nacken und die Stirn nicht aus.

Die Ohren kannst du sanft mit Zeigefinger und Daumen abklopfen, von den Ohrläppchen bis an die Spitze. Für noch mehr Fokus kannst du dabei die Hände tauschen und mit der rechten Hand das linke Ohr massieren und umgekehrt.

Für die Kinder und den Partner

Deine Familie wird zu einer kleinen Massage kaum „Nein" sagen. Im Gegenzug können sie auch deinen Kopf und deine Ohren massieren oder, im Falle von kleinen Kindern, ein bisschen daran herumkneten. Berührungen aktivieren außerdem Glückshormone und wirken bindungsstärkend.

68. Die Reflexzonen

Wir haben an den Handflächen und den Fußsohlen Reflexzonen. **Das heißt, wenn du dort bestimmte Stellen berührst, dann wirkt sich das auf andere Teile des Körpers aus** – wohltuend, heilend und entspannen. Das ist gleichzeitig eine hervorragende Übung, um Anspannung in deinem Körper wahrzunehmen.

Nimm dafür jeden Finger einzeln zwischen den Zeigefinger und den Daumen der anderen Hand.

Massiere mit sanftem Druck von der Fingerkuppe bis zu den Knöcheln und anschließend die Handfläche. Danach wechselst du die Hand.

Für die Kinder und den Partner

Eine kurze Massage der Reflexzonen ist wieder eine gute Mitmachübung und für die Kinder eine weitere Möglichkeit, sich wahrzunehmen und ihren Körper zu spüren – oder einfach ein lustiges Spiel, bei dem zur gleichen Zeit die Finger benannt werden können.

Trainiere deine Achtsamkeit

URLAUBSMOMENTE

Gönn dir
Urlaubsmomente

Gönne dir Urlaubsmomente

So. Nun hast du also den Perfektionismus rausgeschmissen, die Mental Load drastisch verringert, gehst voller Achtsamkeit durchs Leben und bist damit bestens darauf vorbereitet, dir Urlaubsmomente nicht nur zu gönnen, sondern sie auch noch von Anfang bis Ende auszukosten.

Oder auch nicht. Denn manchmal hat man umorganisiert, weniger strukturiert, losgelassen und tief durchgeatmet – und ist trotzdem nur einen Fingerschnips vom Rande des Wahnsinns entfernt. Entspannung muss her, und zwar sofort.

Wenn du an Urlaub denkst, dann kommt dir wahrscheinlich als Erstes der Sommer in den Sinn – zu dieser Zeit haben schließlich die meisten ein paar freie Wochen. Mit deinen persönlichen Urlaubsmomenten musst du jedoch nicht so lange warten. Die sind nämlich fast alle unabhängig von der aktuellen Saison durchführbar, sogar wenn es draußen stürmt, schneit oder regnet.

Wie es in deinem Inneren aussieht, sollte nicht daran geknüpft sein, was um dich herum geschieht. Das ist im Leben einer Mutter, die natürlich allein schon aus Sorge um ihre Kinder die äußeren Umstände stets im Blick hat, leichter gesagt als getan. Doch sehe es mal so: Wenn du einer Situation schreiend und völlig aufgelöst begegnest, dann hilft das eigentlich niemandem. Weder dir noch anderen Beteiligten und das Problem löst sich davon meistens auch nicht. Da kannst du doch einfach gleich gelassen bleiben und dir die Energie sparen, oder?

Um diese Gelassenheit in dir zu entdecken und zu erhalten, holen wir den Urlaub mit den nächsten 30 Übungen, Tipps und Vorschlägen direkt zu dir. Du musst dafür weder freie Tage beantragen (kannst du natürlich trotzdem) noch drauf warten, bis endlich alle fertig gepackt haben und schon gar nicht musst du erst noch stundenlang im Stau stehen oder ein Flugticket kaufen. Denn deinen persönlichen Urlaubsmoment kannst du selbst kreieren, hier und jetzt.

Manche der folgenden Punkte erfordern eine kleine Vorbereitung, doch den Großteil kannst du direkt ohne viel Gedöns umsetzen. Diese 31 Urlaubsideen kannst du jederzeit einbauen. Sie sind sehr kinder- und partnerfreundlich und ihr könnt alle davon profitieren. Die meisten Urlaubsmomente kannst du dir direkt in stressigen Situationen zunutze machen, entweder um selbst runterzukommen und teilweise auch, um die Kinder miteinzubeziehen und so die Gesamtsituation etwas zu beruhigen.

Bist du bereit für den Abflug? Bitte hier entlang zu innerer Ruhe, Gelassenheit, Ausstieg aus dem Hamsterrad und Karibikbrise selbst bei Schneesturm vor dem Fenster:

69. Die schönen Dinge des Lebens

Notiere dir all die schönen Sachen, die du schon lange machen wolltest, aber immer verschoben hast. Das kann eine Maniküre sein, eine kleine Wanderung im Wald, eine gute Freundin treffen oder endlich mal den Kuchen vom Bäcker probieren, den du sonst immer nur anschmachtest.

> Auf dieser Liste sollten mindestens 15 Punkte stehen. Im Idealfall sammelst du dann laufend Ideen, die dir in den Sinn kommen und ergänzt die Liste.

Wenn du dann mal einen schlechten Tag hast, dann hole diese Liste hervor und suche dir etwas davon aus, dass du heute unternehmen wirst – so hast du direkt Inspiration zur Hand und die Laune wird sich schnell zumindest ein kleines bisschen bessern, wenn du eines deiner langgehegten Wohlfühl-Miniprojekte angehst.

Für die Kinder und den Partner

Auch die sind nicht immer in blendender Stimmung und können sich daher ebenfalls ein paar Einfälle zurechtlegen, die sie an trüben Tagen wieder ein bisschen heiterer stimmen. So musst du auch nicht lange überlegen und raten, sondern hast direkt ein paar Vorschläge zur Hand, mit denen du deine Familie aufmuntern kannst.

70. Erde dich

Atme vier Sekunden ein, halte dann vier Sekunden den Atem an und dann atme vier Sekunden lang aus. Für ein noch intensiveres Erlebnis kannst du auch gerne die Hand aufs Herz legen und dort den Atem spüren. Mit etwas Übung kannst du dich in der Länge steigern.

> Diese Atmung kommt aus dem Yoga und dient der Erdung. Gleichzeitig findest du damit zu dir zurück, atmest wieder gleichmäßig und tief und hältst automatisch kurz inne, was dir wiederum ein bisschen Ruhe verschafft.

Ein kurzer Urlaubsmoment, wenn du gerade im Meer der Überforderung herumgeschleudert wirst.

Gönne dir Urlaubsmomente

Für die Kinder und den Partner

Hier haben wir wieder eine Übung, die die ganze Familie gemeinsam absolvieren kann. Für die Kinder zählst du am besten laut mit, dann kannst du nebenbei auch nicht so leicht fünfzig andere Sachen machen, sondern musst tatsächlich kurz die Hektik des Alltags unterbrechen.

"Achte auf deine Gedanken, denn sie werden deine Worte.

Achte auf deine Worte, denn sie werden deine Handlungen.

Achte auf deine Handlungen, denn sie werden deine Gewohnhei-ten.

Achte auf deine Gewohnheiten, denn sie werden dein Charakter.

Achte auf deinen Charakter, denn er wird dein Schicksal."

- Charles Reade -

71. Der Resetknopf

Es ist Nachmittag und bereits seit dem Aufstehen bist du nur damit beschäftigt zu schimpfen. Alles geht dir auf die Nerven, du sehnst den Abend herbei und gleichzeitig hast du ein schlechtes Gewissen.

So eine Mama wolltest du doch gar nicht sein. Du wolltest geduldig sein und zuhören – stattdessen hast du schon wegen Kleinigkeiten die Nase gestrichen voll und wünschst dich einfach nur in ein Wellnesshotel. Oder auf eine Insel. Oder auf eine einsame Berghütte. Und ehe du dich versiehst, befindest du dich in einer innerlichen Abwärtsspirale und der Tag wird immer grauer und grauer.

Hier kommt der Resetknopf ins Spiel. **Es ist dir überlassen, ob dieser nur gedanklich existiert, ob du ihn laut aussprichst oder sogar sichtbar machst, zum Beispiel mit einer Tischklingel.**

> Wenn du merkst, dass es bergab geht und du ein grummelndes, stinksaures Mamamonster bist, dann wird der Resetknopf gedrückt.

Denn der Tag kann zu jedem Zeitpunkt noch zu einem guten Tag werden!

Mit Betätigung des Resetknopfes beginnt ein Neustart.
Lasse los, was bisher an dem Tag passiert ist – auch dein schlechtes Gewissen darfst du ziehen lassen.

Gönne dir Urlaubsmomente

Für die Kinder und den Partner

Deine Familie kann natürlich ebenfalls vom Resetknopf Gebrauch machen. Es bietet sich damit die Möglichkeit, dass nicht der ganze Tag im Eimer ist nur wegen morgendlichem Stress, einem Wutanfall oder einer Diskussion. So könnt ihr gemeinsam noch zu einem friedlichen Tagesabschluss finden, was auch für die Kinder immens wichtig ist.

72. Raus mit dir

Geh doch einfach mal ohne viel nachzudenken vor die Tür. Du musst keine Jause vorbereiten, die Kinder nicht regenfest einpacken und du kannst sogar deinen Pyjama anlassen – denn wie du dank der Übungen in den vorherigen Kapiteln schon gelernt hast, kann eigentlich gar nichts passieren, wenn man ab und zu mal eine Regel bricht.

Ihr müsst auch nicht lange draußen bleiben. Eine Runde um die Häuser reicht eigentlich schon, um etwas die Perspektive zu wechseln, mal kurz durchzuatmen und mit neuer Energie wieder zurück nach Hause ins Chaos zu kommen.

Aber es regnet? Aber es ist kalt? Umso besser! So eine kleine Abkühlung kommt wie gerufen für überhitzte Gemüter und deine Kinder werden ohnehin nicht Nein dazu sagen, mit Mama durch den Regen zu hüpfen und in Matschepfützen zu springen. Vielleicht schneit es ja sogar – und was gibt es denn Gemütlicheres, als ein bisschen eingefroren von draußen zu kommen und sich mit einer Tasse Kakao unter eine Decke zu kuscheln?

Für die Kinder und den Partner

Im Optimalfall hast du die Möglichkeit, dir allein ein paar Minuten an der frischen Luft zu gönnen. Aber selbst wenn du keine andere Wahl hast, als die Kinder mitzunehmen, dann wird euch ein kurzer, aber knackiger Spaziergang guttun. Die Kinder sind danach etwas ausgeglichener und beschäftigen sich je nach Alter vielleicht sogar einige Minuten allein.

73. Choose your battles

Dieses Zitat der Autorin C. Joybell C. ist noch ein paar Sätze länger, doch schon die ersten drei Worte bringen es auf den Punkt.

„Musst du jetzt wirklich mit deinem Kind darüber diskutieren, dass es seine Mütze aufsetzt? Oder wird es ohnehin bemerken, dass minus 5 Grad doch etwas frisch sind?

Musst du dich tatsächlich mit deinem Mann darüber streiten, dass er heute noch den Müll runterbringt? Oder kann das ausnahmsweise auch mal bis morgen früh warten?"

Es sind kleine Auseinandersetzungen wie diese, die viel Energie erfordern und durch die sich in uns oft viel Ärger anstaut, bis es dann irgendwann zur großen Explosion kommt.

> Indem du hinterfragst, ob diese Diskussion gerade notwendig ist oder ob sich die Situation nicht ohnehin von selbst regelt oder verschoben werden kann, entspannst du deinen Alltag nachhaltig.

Anstatt einem zeit- und nervenraubenden Wortgefecht kannst du einfach einen Urlaubsmoment genießen.

Gönne dir Urlaubsmomente

74. Klinke dich aus

Kopfhörer mit Bluetooth-Funktion sind kabellos und du kannst auch nur einen von zwei Ohrstöpseln verwenden.

> Wenn dir mal die Decke auf den Kopf fällt und kurz entkommen willst, dann schnapp ihn dir und mach zumindest auf einem Ohr Urlaub.

So kannst du deine Kinder trotzdem hören, aber nebenbei auch ein bisschen abdriften. Ob Musik, Hörbuch oder Podcast ist dabei ganz dir überlassen.

Für die Kinder und den Partner

Vielleicht möchtest du deinem Kind oder deinem Partner den anderen Ohrenstöpsel geben und ihr gönnt euch gemeinsam einen Urlaubsmoment.

75. Heimkino

Macht selber Popcorn, sucht einen Film aus und dunkelt alles ab.

So hast du im Handumdrehen Ruhe, kannst dabei sogar die Augen zumachen und am Ende sind alle glücklich und zufrieden. So zauberst du dir im Nu einen knapp eineinhalb Stunden langen Urlaubsmoment.

76. Szenenwechsel

Das Gefühl, im Hamsterrad und im Alltag festzustecken, resultiert oft daraus, dass wir tagein, tagaus in derselben Szenerie feststecken und unsere Handlungen fast schon roboterhaft immer gleich ablaufen.

Für mehr Urlaubsgefühl im täglichen Leben wechsle doch einfach mal die Szene. Wie wäre es mit Abendessen auf dem Balkon oder einem Picknick im Garten?

Wenn euch auch hier das Wetter einen Strich durch die Rechnung macht, dann stellt eure Routinen anderweitig auf den Kopf: Indoorpicknick im Kinderzimmer, ein abenteuerlich-verregneter Abendspaziergang statt der Gute-Nacht-Geschichte oder vielleicht sogar mal die Zimmer tauschen.

"Wer die Gegenwart genießt, hat in Zukunft eine wundervolle Vergangenheit."

- Unbekannt -

Gönne dir Urlaubsmomente

77. Einfach mal liegen

Wenn du dich zwischendurch einfach mal hinlegen möchtest, dann tu genau das. Deinen Kindern kannst du vorschlagen, dass sie auf deinem Rücken etwas spielen – beispielsweise sollen sie darauf eine Spielpizza backen oder dein Rücken ist eine Straße, auf dem die Spielzeugautos abenteuerlich herumkurven.

Größere Kinder können außerdem mit ihren Fingern ein Bild auf deinem Rücken malen oder ein Wort schreiben und du musst das Motiv oder den Begriff erraten. So hast du sogar noch pädagogisch höchst wertvoll Wissen für deiner Kinder darin verpackt.

> So hast du nicht nur einen Urlaubsmoment mitten im Alltag, sondern auch den Hauch eines Massagegefühls.

Je nach Alter deiner Kinder fällt das Ganze mehr oder weniger liebevoll aus, aber sicherlich kennen alle Mütter den Punkt, an dem sie einfach froh sind, liegen zu können – fast egal unter welchen Bedingungen.

78. Das ultimative Urlaubsfrühstück

Eis zum Frühstück? Ab jetzt kein Problem mehr. So vermeidest du ganz einfach wiederkehrende Diskussionen mit deinen morgendlichen Naschkatzen: Alles was du brauchst, sind **Stileisbehälter zum Selberfüllen.** Diese bekommst du in vielen Geschäften und natürlich auch online.

> Fülle Orangensaft – oder alternativ, je nach Geschmack, Joghurt mit Beeren – hinein und lasse es über Nacht in der Gefriertruhe.

Bei dringendem Eiswunsch nach dem Aufstehen kannst du deinen Kindern dann ganz ohne schlechtes Gewissen diesen Wunsch erfüllen.

So sparst du dir die erste nervenaufreibende Diskussion des Tages und alle können ihren Morgen ganz entspannt beginnen. Mehr Urlaubsfeeling geht eigentlich nicht, oder?

79. Tagträume

Suche dir ein schönes Bild aus, das dich zum Träumen einlädt. Vielleicht wünschst du dir schon lange einen weißen Sandstrand vor die Haustür. Möglicherweise bist du auch lieber im Wald unterwegs oder eventuell auch ein Großstadtmensch.

> Wenn du dein ideales Bild gefunden hast, dann hänge es in einen Raum, in dem du oft bist. Oder auch gegenüber vom Sofa, um es dir beim Tagträumen so richtig gemütlich zu machen.

Wenn dir der Sinn nach einem Urlaubsmoment steht, dann nehme gegenüber von deinem neuen Bild Platz und träume dich mit allen Sinnen hinein. Im Kapitel über die Achtsamkeit hast du Übungen für alle Sinnesorgane gefunden und wenn du bereits fleißig geübt hast, kommt dir das jetzt zugute.

Bleiben wir erst mal im Wald: Stell dir vor, wie du dich auf den weichen Moosboden setzt und dich an einen Baumstamm lehnst. Du hörst die Vögel zwitschern und riechst den Duft des warmen Waldbodens und der Waldblumen. Ein paar Sonnenstrahlen wärmen dein Gesicht und du füllst deine Lungen mit der frischen Waldluft.

Schon nach kurzer Zeit in deinem Tagtraum wirst du dich besser fühlen. In Forschungen wurde festgestellt, dass die reine

Gönne dir Urlaubsmomente

Vorstellung einer Tätigkeit sich auf das Gehirn auswirkt. Reize werden gesendet, Befehle erteilt und körperliche Auswirkungen sind messbar. Wenn du also nur wenige gedanklich an deinem imaginären Entspannungsort verbringst, wirst du einen Unterschied bemerken.

Für die Kinder und den Partner

Deine Familie möchte sich vielleicht eigene Bilder aussuchen und deine Kinder können diese im Kinderzimmer aufhängen. Oder auch neben deinem, dann könnt ihr euch gemeinsam zwischendurch fortträumen. Du kannst die Tagträume – gerade für kleine Kinder – auch ganz lebendig gestalten und dabei vor dich hinsprechen, sodass du sie auf eine kleine Traumreise mitnimmst.

80. Wellnesstag

Mütter stellen sich meistens hinten an und wenn sie an der Reihe sind, dann kommt oft genug doch noch etwas anderes, vermeintlich Wichtigeres dazwischen. Wie wär's mit einem verdienten Wellnesstag? **Denn von körperlichem Wohlbefinden profitiert auch die Seele.**

Packe also deine Kinder ein und starte in den nächsten Drogeriemarkt. In den Einkaufskorb kommen Gesichtsmasken, Haarpflegeprodukte, Nagellack oder all die anderen Dinge, die dir eine Freude bereiten und dich erfrischt fühlen lassen. Deine Kinder kommen dabei nicht zu kurz: Sie können sich beispielsweise ein Sprudelbad aussuchen.

Dann kommt der Nachwuchs mit seinem tollen neuen Shampoo in die Badewanne und Mama lässt es sich richtig gut gehen – mit einer ausgiebigen Dusche, Masken und einer kleinen Fußpflege.

Dank der vorherigen Perfektionismus-Übungen kannst du es auch ganz gelassen sehen, wenn die Kinder dabei das Bad fluten, denn du weißt, dass das eigentlich gar nicht sooo schlimm ist und man sich genauso gut noch in 20 Minuten darum kümmern kann.

81. Tagesausflug

Das wohl wirksamste Mittel gegen die graue Alltagssuppe ist ein Tapetenwechsel.

> Ein Tagesausflug ist sozusagen wie ein Miniurlaub und es tut der ganzen Familie gut, rauszukommen und etwas anderes zu sehen und zu erleben.

Ihr könnt euch ja schon mal vorab zusammensetzen und mögliche Ziele auswählen. **Es muss auch nicht besonders aufwendig sein, wichtig ist nur, dass ihr ein paar Stunden unterwegs seid** und eure Gedanken mal so richtig durchgelüftet werden.

Auch teuer muss so ein Urlaub im Miniaturformat nicht sein. Die meisten Kinder sind schon vollauf begeistert, wenn ihr euch eine Jause einpackt – am besten dürfen sie sich auch noch selbst aussuchen, was in die Tasche kommt – und irgendwo picknickt.

In der Großstadt oder im nächstgelegenen Städtchen kann man auch mal Tourist spielen, sich einfach treiben lassen und bisher unbekannte Ecken entdecken.

Wenn das Wetter statt Sonnenschein nur trübe Wolken und Regen zu bieten hat, dann lass dich davon nicht abhalten. Die Natur ist dennoch wunderschön und beruhigend und wenn dir eher

Gönne dir Urlaubsmomente

nicht der Sinn danach steht, durch den Wald zu spazieren, dann ist beispielsweise ein Zoobesuch auch bei Regen ein spannendes Erlebnis.

In der Stadt – oder der Nachbarstadt - gibt es ohnehin viele andere Möglichkeiten, einen Tag auch mal Indoor unterwegs zu sein. Interaktive Museen oder Indoorspielplätze zum Beispiel beschäftigen die Kinder und verschaffen den Eltern eine kurze Verschnaufpause.

"Tagträume erhalten unser seelisches Gleichgewicht."

- Elisabeth Maria Maurer -

82. Sei großzügig

Im Urlaub sind wir oft viel weniger streng mit uns selbst und sogar ein bisschen großzügiger als sonst. Integriere das doch mal in deinen Alltag: Dann wird es eben eine vierte Tasse Kaffee anstatt nur drei, eine Kugel Eis nach dem Abendessen ist auch noch drin und du musst nicht beim ersten Sonnenstrahl aus dem Bett springen sondern kannst ruhig noch fünf Minuten vor dich hinträumen (Reminder: Etwas weiter vorne war da eine ganz tolle Murmelübung).

Zelebriere diese kleinen Genüsse zwischendurch ganz bewusst und lass auch deine Kinder daran teilhaben – es kann ruhig auch mal etwas länger ferngesehen und ein bisschen mehr genascht werden.

Diese Gelassenheit, die uns im Urlaub meist viel leichter fällt, entstresst das tägliche Leben ungemein. Sie geht Hand in Hand mit dem Motto "Choose your battles", denn man muss nicht alles zerdenken und totdiskutieren, sondern kann die Kinder und vor allem sich selbst auch einfach mal gewähren lassen.

83. Miniurlaub

Neben Tagesausflügen gibt es noch eine weitere Option für das Miniurlaubsgefühl. Du musst dafür nicht mal wegfahren oder etwas planen, sondern **einfach nur für die kommende Woche alles ausfallen lassen, das nicht sein muss.**

Mache bewusst nur das Nötigste. Wenn du beispielsweise arbeiten und die Kinder von der Schule abholen musst, dann lege danach direkt die Füße hoch. Das klappt natürlich noch besser, wenn du schon vorher für die ganze Woche einkaufst und vielleicht sogar schon vorkochst. Praktischerweise liegt das sogenannte **Meal Prep** bzw. Vorkochen gerade im Trend, weshalb du nicht lange nach Inspiration stöbern musst.

84. Hol dir den Urlaub nach Hause

Gestalte dir in deinem Zuhause deine eigene Urlaubsoase. Liege, Sonnenschirm, Cocktail und Bademantel – und schon fühlst du dich direkt wie am Strand. Nun hat natürlich nicht jeder einen Garten zur Verfügung, doch Planschbecken und Sandkiste gibt es auch in kleineren Formaten für den Balkon.

Gönne dir Urlaubsmomente

85. Nimm es nicht so genau

Einige nutzen ihren Urlaub als Staycation (ein fancy Ausdruck für zu Hause bleiben) und bringen den Haushalt mal richtig auf Vordermann. Andere wiederum nehmen es in dieser Zeit nicht ganz so genau und lassen auch mal was liegen – und diesen solltest du dich ab und zu mal anschließen.

Lass doch einfach mal alles so wie es ist, und nimm dir den Abend frei – stundenweise Urlaub sozusagen. Mach etwas, das du gerne machst oder geh einfach schlafen. Durch die Achtsamkeitsübungen hast du ja schon gelernt, dabei ganz im Moment zu bleiben (und nicht zu sehr an das Chaos zu denken, dass dich morgen früh erwartet).

So kannst du an deinem Urlaubsabend tatsächlich Kraft tanken und am nächsten Tag mit neuer Energie wieder loslegen. Wenn wir uns öfter zwischendrin mal ausgiebige Erholung gönnen, dann wirkt sich das auf unser Mindset aus – und wie du ja schon weißt, macht ein positiveres Mindset einen riesigen Unterschied.

86. Weg mit der Uhr

Schaue bewusst nicht so oft auf die Uhr, denn auch das verursacht unterbewusst oft großen Stress. Dieser fällt im "richtigen" Urlaub dann weg, da wir ja nicht von einer Aufgabe, die uns unumgänglich erscheint, zur nächsten hetzen müssen.

Weniger zeitlicher Druck lässt sich natürlich leichter umsetzen, wenn man noch mit ganz kleinen Kindern daheim ist und nicht in die Schule oder zur Arbeit muss.

Mit größeren Kindern kann das Ganze dann zumindest am Wochenende umgesetzt werden oder auch am Abend – denn wenn

sie mal nicht um Punkt Acht im Bett sind sondern 15 Minuten
später, dann ist das gar nicht so schlimm – versprochen. Vielleicht hast du das sogar schon auf deiner Liste des Unheils notiert?

> *"Die Kunst des Lebens besteht darin, im Regen zu tanzen, anstatt auf die Sonne zu warten."*
>
> *- Unbekannt -*

87. Thementage

Wenn du deine Urlaubsmomente so realistisch wie möglich gestalten möchtest, dann **reise doch mal innerhalb deines eigenen Zuhauses in ein anderes Land.**

Wie das geht? Ganz einfach: Suche dir gemeinsam mit deiner Familie ein Land aus, das ihr bereisen möchtet.

> Zum Abendessen gibt es etwas Typisches aus der Landesküche mit ganz neuen Gewürzen. Vielleicht möchten die Kinder auch ein Getränk zubereiten, das in eurem Urlaubsland oft getrunken wird. Für den Feinschliff beim Ambiente sorgt entsprechende Musik.

Gönne dir Urlaubsmomente

Deinen Kindern machst du damit ein Geschenk, denn sie erweitern ihren Horizont und können bisher Unbekanntes entdecken und mehr darüber erfahren. Auch du selbst wirst merken, dass es dir hilft, auf diese Weise ab und zu aus dem Hamsterrad auszubrechen und dir die Welt ins Haus zu holen.

88. Ein echter Urlaubstag

Wenn du arbeitest, dann nimm dir tatsächlich einen Tag frei bzw. wenn du bei deinen Kindern daheim bist (also Stay-at-home Mum auf Neudeutsch) dann lege einen Tag fest.

Diesen Tag gestaltest du dann so, wie du es im echten Urlaub tun würdest: Handy aus, morgens ein ausgiebiges Frühstück und zum Abendessen gibt es Pizza.

Auf diese Weise ab und zu aus dem regulären Alltag auszubrechen, kann Wunder wirken. Wenn du mithilfe der Achtsamkeitsübungen und Perfektionismusbekämpfungstipps dabei richtig abschalten kannst, dann sieht die Welt nach so einem Tag gleich ganz anders aus.

89. Rollenspiele

Ganz kleine Kinder verstehen Mamas Bedürfnisse noch nicht und selbst wenn du es ihnen erklärst, sind sie oft nicht dazu in der Lage, es auszuhalten, dass Mama kurz ihre Ruhe haben möchte. Dennoch brauchst du nicht zu verzagen, denn du kannst deine kleinen Knirpse einfach in deinen Urlaubsmoment integrieren.

Etwas weiter vorne hast du schon den Tipp gelesen, die Kinder etwas auf deinem Rücken spielen zu lassen. Auch Rollenspiele eignen sich gut dafür, dich ein bisschen auszuruhen – auch wenn du im ersten Moment wahrscheinlich ungläubig den Kopf schüttelst.

Der Trick ist: **Es kommt darauf an, welche Rolle du dir aussuchst.** Wenn du zum Beispiel mit deinem Kind Tierarzt spielst und der Katzenbesitzer bist, dann musst du eigentlich nicht viel machen, außer ein Stofftier zu halten. Auch das Publikum, dass sich ein Theaterstück – vorgeführt vom Kind – ansieht, hat eigentlich nur eine Nebenrolle und muss maximal klatschen. Ganz besonders müde Mamas können beim Auto spielen die Ampel oder der Kreisverkehr sein.

All diese Beispiele sind im Sitzen möglich und du kannst dich dabei an eine Tasse Kaffee klammern. Wenn deine Kinder klein sind, dann ist es oft schwer, zur inneren Ruhe zu finden. Aber ein paar Minuten der körperlichen Ruhe sind mit schlauen Rollenspielen drin, und so eine kleine Urlaubsverschnaufpause tut definitiv auch schon gut.

90. Schau mal nach oben

Wenn dir sitzen nicht reicht und du dich lieber gleich hinlegen willst, dann richte den Blick gemeinsam mit deinen Kindern nach oben.

> Schon für wenig Geld gibt es Lampen, die eindrucksvoll einen nächtlichen Sternenhimmel an die Decke projizieren.

Da gibt es einiges zu entdecken und es verschafft dir ein paar ruhigere Minuten. Auch das klassische Spiel, bei dem ihr in der Wiese liegt und Wolkenformen ratet, eignet sich dafür gut. Vielleicht möchtest du auch eine kleine Überraschung vorbereiten und verschiedene Bilder und Zeichnungen an der Decke befestigen. So hat das Kind jede Menge zu staunen und Mama kann sich kurz ausstrecken und sich an den Strand träumen.

Gönne dir Urlaubsmomente

91. Regeln über Bord werfen

Bereits in mehreren Tipps, Übungen und Gedankenanstößen haben wir die Notwendigkeit von starren Regeln angezweifelt. **Was spricht dagegen, sie für einen Tag mal ganz über Bord zu werfen?**

Die Kooperationsbereitschaft der Kinder kann dadurch sogar steigen und abgesehen davon bedeutet ein regelfreier Tag Urlaub für alle Beteiligten.

> *"Nichts bringt uns auf unserem Weg besser voran, als eine Pause."*
>
> *- Elizabeth Barrett Browning -*

92. Vorbereitung ist (fast) alles

Auch wenn dieser Teil der Vorbereitung auf einen Urlaub meist ein bisschen Stress verursacht, trägt er doch maßgeblich zur allgemeinen Urlaubsstimmung bei. Koffer packen, Jause holen und sich schon mal überlegen, wie der erste Urlaubstag aussehen soll, sind die ersten Schritte.

Wenn du dir also – gemäß der vorherigen Tipps – einen Urlaubstag oder gar eine Urlaubswoche vorgenommen hast, **dann stimme dich innerlich darauf ein, indem du auch einiges vorbereitest.**

> Gemeinsam mit den Kindern kannst du beispielsweise tatsächlich eine Tasche packen. Gleichzeitig wissen sie so Bescheid, dass der morgige Tag etwas ruhiger angegangen wird.

93. Schaffe das passende Setting

Gestalte dein Zuhause ein wenig um, damit es dir leichter fällt, während deiner Urlaubsmomente in Urlaubsstimmung zu kommen.

> Schöne Bilder, ätherische Öle oder Duftkerzen und leckere Snacks sind ein erster guter Schritt in diese Richtung.

Mit der Zeit wirst du herausfinden, was dir hilft, schnell in den Urlaubsmodus zu wechseln und kannst das dann entsprechend in dein Zuhause integrieren.

94. Die Urlaubsecke

Vielleicht möchtest du auch direkt eine ganze Urlaubsecke gestalten. Mach es dir dort so richtig gemütlich und bereit alles vor, was du brauchen könntest: **Kissen, Kuscheldecke, Getränke, Snacks oder vielleicht sogar das Bild für deine Tagträume.** Bei Bedarf kannst du dich darin zurückziehen und so richtig die Seele baumeln lassen.

Gönne dir Urlaubsmomente

Für die Kinder und den Partner

Diese Ecke kann von der ganzen Familie mitgestaltet und genutzt werden. Auch Kinder brauchen kleine Auszeiten, beispielsweise nach dem Kindergarten oder der Schule. Sie können in ihrer Urlaubsecke ein paar Bücher und Spielsachen vorbereiten und sich ein paar Minuten erholen, wenn sie nach Hause kommen – was auch dir einen Augenblick der Ruhe verschafft. Alternativ könnt ihr es euch gemeinsam in eurer Urlaubsecke gemütlich machen, bevor es weitergeht.

95. Dein persönlicher Urlaub

Was macht eigentlich Urlaub für dich aus? Ist es eine tägliche Kugel Eis beim Spaziergang nach dem Abendessen? Regelmäßig schwimmen gehen? Wanderungen in der Natur? Ein Buch lesen anstatt den Abwasch zu machen?

Wenn du das für dich herausgefunden hast, dann frage dich: Was spricht eigentlich dagegen, das öfter mal im Alltag zu übernehmen?

96. Mach's dir leicht

Mach es dir denn Alltag so leicht wie möglich. Pizza bestellen ist okay, die Kinder heute mal nicht in die Badewanne zu stecken ist okay, mehr Naschen als sonst ist okay (für alle).

Oft scheut man sich ein bisschen vor Ausnahmen, aus Sorge davor, dass diese zu Gewohnheiten werden (was übrigens nicht zwingend etwas Schlechtes sein muss).

Dabei sind es doch kleine Freuden zwischendurch, die das Leben lebenswert machen, oder? Du musst nicht besorgt sein um eure gesundheitliche, finanzielle und erzieherische Zukunft, wenn deine Urlaubsmomente in Form von eben genannten Beispielen stattfinden. Ein Alltag im Dauerstress hat da eindeutig gravierendere Auswirkungen.

> *"Wenn du dich sorgst, was andere Menschen von dir denken, wirst du immer ihr Gefangener sein."*
>
> *- Lao Tse -*

97. Das Codewort

Wenn einem alles zu viel wird und man kaum noch klar denken kann, dann hat man meist auch keine Energie und Geduld um sich zu erklären.

> Vereinbare daher mit deiner Familie ein Codewort, zum Beispiel "Flugzeug". In dieses steigst du dann symbolisch ein und hebst ab Richtung Urlaubsmoment.

So wissen alle Bescheid und du kannst dich kurz zurückziehen. Das klappt mit älteren Kindern natürlich besser, bei jüngeren Kindern hole dir deinen Partner ins Boot, indem du ihm das Gleiche zugestehst. Die Kinder werden das vielleicht sogar für

Gönne dir Urlaubsmomente

sich übernehmen, was damit sozusagen eine Investition in einen später generell friedvolleren Familienablauf ist.

98. Deine Urlaubsplaylist

Einfach und effektiv ist deine persönliche Urlaubsplaylist. **Da kommen alle Lieder rein, die dich sofort in Urlaubsstimmung versetzen und dich entspannen.** Stelle die Playlist in einem ruhigen Moment zusammen. So hast du sie im Notfall gleich zur Hand und brauchst sie nur abzuspielen.

99. Für Groß und Klein

Wie wir also mehrfach festgestellt haben, haben Mütter eher selten Zeit für ausführliche Meditation.

> Glücklicherweise gibt es Meditationen, Traumreisen, Hörbücher und -spiele eigens für Kinder gestaltet. Und niemand hat gesagt, dass die Mama nicht auch was davon hat!

Versuche, deine Kinder auf den Geschmack zu bringen, in dem ihr euch gemeinsam Zeit dafür nehmt. Selbst wenn dir das nicht so gefällt und du dich dabei nicht richtig entspannen kannst, hast du somit eine spannende und sinnvolle Alternative zum Fernsehen – und kannst dir damit Zeit für dich freischaufeln.

100. Zeit zum Schaukeln

Der Sonderpädagoge Professor Andreas D. Fröhlich hat das Konzept der basalen Stimulation entwickelt. Dieses kommt mittlerweile in verschiedenen Anwendungsbereichen zum Einsatz.

In mehreren Studien wurde herausgefunden, dass Schaukelbewegungen einen beruhigenden und sogar einen schmerzlindernden Effekt haben.

Was heißt das nun für dich? **Eine Hängematte oder ein Schaukelstuhl muss her!** Darin kann man auch hervorragend mit den Kindern ein Buch anschauen oder einfach nur kuscheln, es sich richtig gemütlich machen und in einen angenehmen Tagtraum abdriften.

Wenn das gerade nicht umsetzbar ist, dann ist das auch kein Problem, denn zum Glück gibt es auf jedem Spielplatz – oder Indoorspielplatz – mehrere Schaukeln. Nimm dein Kind auf den Schoß und los geht's!

"Das Geheimnis der Veränderung besteht darin, deine ganze Energie darauf zu konzentrieren, Neues aufzubauen, statt Altes zu bekämpfen."

- Sokrates -

Gönne dir Urlaubsmomente

Schlussworte

Nun bist du also am Ende angekommen und hältst einen bunten Blumenstrauß vielschichtiger Inspirationen in der Hand. **Entscheidend ist der nächste Schritt, nämlich, dass du ins Handeln kommst.** An dieser Stelle kommen wir wieder auf die eingangs erwähnte Bucket List zurück – nun ist es an der Zeit, diese zu gestalten.

Mit deinem neu erworbenen Wissen gehst du das vielleicht ganz strukturiert an, verabschiedest dich erst mal von Perfektionismus und Mental Load, um dich anschließend voller Achtsamkeit auf deine Urlaubsmomente einzulassen.

Möglicherweise möchtest du aber auch erst mal ein paar Tipps ausprobieren und stellst dir deine persönliche Liste zusammen. Vielleicht forderst du dich sogar selbst ein bisschen heraus und wagst dich an einige Übungen und Tipps, die dir im ersten Moment nicht direkt zusagen - um dann positiv überrascht zu werden.

> Wie du es auch angehst: Wichtig ist, dass du es machst. Du musst nicht von heute auf morgen dein Leben umkrempeln, aber du solltest immer dabei bleiben.

Wie heißt es so schön: *Steter Tropfen höhlt den Stein.*

Vergesse dennoch nicht, dass deine Bucket List nicht zu einer weiteren To-do-Liste werden soll, die eiligst abgearbeitet werden muss. Die 100 Punkte sollen dir das Leben leichter machen, nicht noch ein Schäufelchen oben drauflegen und dich nicht zusätzlich stressen.

Achte darauf, was sich gut für dich anfühlt und womit du tatsächlich arbeiten und Veränderungen erzielen kannst.

Um deine Erfolge nicht aus den Augen zu verlieren, könntest du ein Tagebuch führen. Du musst darin nicht seitenweise ins Detail gehen, denn kurze Stichworte sind völlig ausreichend. So kannst du während eines Tiefs darin blättern und dich daran erinnern, dass ja gar nicht das ganze Leben grau in grau ist, sondern nur der heutige Tag – oder vielleicht sogar nur die jetzige Minute.

Neben deiner Familie könntest du dir außerdem eine Freundin ins Boot holen. So könnt ihr euch gegenseitig ermutigen, euch durch Rückschläge begleiten und motivieren, eure Erfolge feiern und über die Veränderungen staunen.

Damit bist du jetzt sozusagen offiziell entlassen – und dennoch dazu eingeladen, immer wieder zurückzukehren.

Halte diese 100 Punkte immer griffbereit, zum Beispiel in deiner Urlaubsecke oder auf dem Fensterbrett in der Küche.

"Aus den Augen, aus dem Sinn" wollen wir schließlich gar nicht erst eintreten lassen.

In diesem Sinne: Schnapp dir diese 100 Ideen, Tipps, Anregungen, Vorschläge, Übungen und Gedankenanstöße – und **gestalte damit dein neues, entspanntes Urlaubsleben, das du mit allen Sinnen genießt!**

Schlussworte

Bildnachweis

©freepik: @pch.vector

Haftungsausschluss

Die Benutzung dieses Buches und die Umsetzung der darin enthaltenen Informationen erfolgt ausdrücklich auf eigenes Risiko. Der Verlag und auch der Autor können für etwaige Unfälle und Schäden jeder Art aus keinem Rechtsgrund eine Haftung übernehmen. Haftungsansprüche gegen den Verlag und den Autor für Schäden materieller oder ideeller Art, die durch die Nutzung oder Nichtnutzung der Informationen bzw. durch die Nutzung fehlerhafter und/oder unvollständiger Informationen verursacht wurden, sind grundsätzlich ausgeschlossen. Rechts- und Schadenersatzansprüche sind daher ausgeschlossen.

Das Werk inklusive aller Inhalte wurde unter größter Sorgfalt erarbeitet. Der Verlag und der Autor übernehmen jedoch keine Gewähr für die Aktualität, Korrektheit, Vollständigkeit und Qualität der bereitgestellten Informationen. Druckfehler und Falschinformationen können nicht vollständig ausgeschlossen werden. Der Verlag und auch der Autor übernehmen keine Haftung für die Aktualität, Richtigkeit und Vollständigkeit der Inhalte des Buches, ebenso nicht für Druckfehler. Es kann keine juristische Verantwortung sowie Haftung in irgendeiner Form für fehlerhafte Angaben und daraus entstandenen Folgen vom Verlag bzw. Autor übernommen werden.

Impressum

Lili Petersen wird vertreten durch
Workoutcheck e.U.
Kristin Scherzer
Eingetragenes Einzelunternehmen
Onlinehandel mit Waren aller Art
FN: 477653g, FB-Gericht: Wien
1020 Wien, Am Tabor 31/19 - Austria
tini.scherzer@gmail.com
Mitglied der WKÖ, Bundesgremium Versand-, Internet- und
allgemeinen Handel
Freies Gewerbe
Gewerbeordnung: www.ris.bka.gv.at
Verbraucher haben die Möglichkeit, Beschwerden an die Online
Streitbeilegungsplattform der EU zu richten:
http://ec.europa.eu/odr.
Allfällige Beschwerde können auch an die oben angegebene
E-Mail-Adresse gerichtet werden.

Printed in Poland
by Amazon Fulfillment
Poland Sp. z o.o., Wrocław